SHEJIAO
LIYI

SHE
JIAO

社交礼仪

拙耕 编著

吉林教育出版社

图书在版编目（CIP）数据

社交礼仪 / 拙耕编著 . —长春：吉林教育出版社，2019.1
ISBN 978-7-5553-6153-4

Ⅰ . ①社… Ⅱ . ①拙… Ⅲ . ①社交礼仪 Ⅳ . ① C912

中国版本图书馆 CIP 数据核字（2018）第 144793 号

书　　名	社交礼仪
编　　著	拙耕

责任编辑	张　瑜	排版设计	侯　建
		装帧设计	仙　境

出版发行　吉林教育出版社
　　　　　（长春市同志街 1991 号　邮编 130021）
印　　刷　三河市天润建兴印务有限公司

开　　本	660mm×960mm 1/16
印　　张	20
字　　数	223 千字
版　　次	2019 年 1 月第 1 版　2019 年 1 月第 1 次印刷
定　　价	59.80 元

如有印装质量问题请直接与承印厂联系调换

目录

第一章　社交礼仪概述

社交礼仪是社会文明生活的重要标志之一。讲究社交礼仪，不仅体现出个人的文明水准、道德风貌和气质风度，而且在涉外交际场合中还体现本民族的文化修养和本国家的文明形象。

一　社会交往不可缺少社交礼仪	002
01　礼仪是人类文明生活的重要标志	002
02　社交礼仪是社会交往的行为准则	003
03　社交礼仪具有教化的功能	006
04　社交礼仪展示着人的精神风貌	007

二　社交的基本礼仪规范　　　　　　　　010

01　尊重他人，礼貌待人　　　　　　010
02　约束自己，自律自重　　　　　　011
03　尊重女性，女士优先　　　　　　012
04　待人接物要宽宏大度　　　　　　013
05　把握恰当的情感尺度　　　　　　014
06　务必尊重他人的隐私　　　　　　016
07　文明交往，不开过分的玩笑　　　017
08　在社交场合不能随便发怒　　　　018
09　社交中不妨碍他人的行为　　　　019

第二章　日常交际的礼仪

生活是人生的大课堂。日常交际则是检测人的礼仪素质的大考场。从对他人的称谓到见面握手致意；从交换名片到相互攀谈，其中的礼仪细节都能反映出一个人的修养与文明素质。

一　称呼他人的礼仪　　　　　　　　022

01　称呼：社交修养的文明标志　　　022
02　称呼的使用不可失礼无礼　　　　024
03　生活中称呼要亲切得体　　　　　024
04　工作中称呼应力求庄重　　　　　027
05　避免称呼中的错误与失礼　　　　030

二 与人握手的礼仪 ... 032

01 握手首先应选对时机 ... 032
02 伸手要符合礼仪的次序 ... 034
03 握手的方式要自然适当 ... 035
04 了解握手的禁忌与注意事项 ... 037

三 交换名片的礼仪 ... 039

01 名片是社交中的"联谊卡" ... 039
02 把握好递交名片的时机 ... 040
03 交换名片仪态要正确 ... 041
04 收受名片要有礼貌 ... 042

四 问候与寒暄的礼仪 ... 044

01 问候他人，联络感情不失礼 ... 044
02 适当寒暄，热情不失庄重 ... 046
03 与人寒暄，礼节不可忽视 ... 049

五 礼貌用语的使用 ... 052

01 尊重他人必须使用敬语 ... 052
02 日常交往多用谦语和雅语 ... 054

六 善用表情语 ... 056

01 目光语：以眼神传递情感 ... 056
02 微笑语：最有价值的面部表情 ... 059

七　把握好空间语　　　　　　　　　　　062
01　正确地认识与把握空间语　　　　062
02　明确界域距离的礼仪规范　　　　064
03　因地适宜选择空间位置　　　　　066
04　莫因空间距离影响人际交往　　　068

第三章　与各类人士友好交往礼仪

一个知礼而行礼的人，与异性来往会很快知心知己，与陌生人交流会很快拉近距离。不仅如此，礼仪会让人们消除偏见而亲密无间，增进友谊而友好往来，提升形象而广结人脉。社交礼仪，就是人际往来的"万事达"。

一　与朋友交往的礼仪　　　　　　　　074
01　把握朋友相处的基本原则　　　　074
02　和朋友要保持经常性的联系　　　077
03　能容忍朋友性格上的"毛病"　　079
04　掌握好拒绝朋友的艺术　　　　　081
05　处理好朋友之间的麻烦　　　　　083
06　诚心为自己做错的事道歉　　　　085

二　与同乡、同学交往的礼仪　　　　　089
01　以乡谊为纽带发展乡情　　　　　089
02　处理同学关系时必须遵守的准则　091
03　保持联系才能密切同窗感情　　　093

三 与陌生人交往的礼仪 　　　　　　　　　　096
01 结交陌生人要注意礼仪规则　　　　　　096
02 以敬酒结识宴会上的朋友　　　　　　　098
03 攀亲拉故使陌生变得熟悉　　　　　　　100
04 和陌生人交往有特别招法　　　　　　　102

第四章　邀请、拜访与待客的礼仪

在社会交往中，邀约他人、登门拜访与接待来客，都是最常用的活动形式，也是最讲究礼仪的交际过程。邀请或被邀时，无论是口头还是书面形式，都应理由得体，方式自然。

一 邀请他人的礼仪　　　　　　　　　　106
01 邀请他人的多种形式　　　　　　　　　106
02 应邀与婉拒同样不可失礼　　　　　　　109

二 登门拜访的礼仪　　　　　　　　　　111
01 诚恳预约，免做不速之客　　　　　　　111
02 准时赴约，守时而不爽约　　　　　　　112
03 礼貌登门，礼仪程序勿忘　　　　　　　114
04 拜访时要注意举止文明　　　　　　　　115
05 适时、礼貌地告辞　　　　　　　　　　117

三　接待客人的礼仪

01　亲切迎客，注重仪表细节　　　　118
02　热情待客，尽显主人之礼　　　　120
03　向客人敬烟不可随意　　　　　　122
04　向客人奉茶要讲究茶道　　　　　123
05　礼貌送客，莫因失礼生嫌　　　　125

第五章　赠受礼品与送花的礼仪

只有遵循送礼的礼仪之道，才能让对方欣然接受。如果送礼、受礼与送花、受花之时，不知其礼，不解其意，时机不当，方式不妥，都会引起不必要的误会甚至被拒绝。只有懂得借礼传情的艺术，才能做到礼送知礼者，花送有情人。

一　馈赠礼品的礼仪　　　　　　　　128

01　礼尚往来，温情有"礼"　　　　128
02　送礼也有约定俗成的规矩　　　　130
03　寻找最佳的送礼理由　　　　　　132
04　送礼一定要送有所值　　　　　　134
05　别出心裁的礼品最受欢迎　　　　136
06　按"需"送礼，能使效果凸现　　138
07　馈赠礼物千万别适得其反　　　　140

二 收礼、回礼与拒礼的礼仪   *144*

01 收礼回礼与拒礼都要讲"礼"   *144*
02 受礼讲礼节，及时地真诚道谢   *145*
03 注重还礼的时机和形式   *147*
04 拒收礼品应持谨慎态度   *149*

三 赠送鲜花的礼仪   *152*

01 送花：借物抒情有品位   *152*
02 巧妙选择送花的时机   *153*
03 懂得花语才能称心如意   *155*
04 精心设计，鲜花送给有情之人   *158*
05 不要忽略花的颜色选择   *160*
06 送花的数量大有玄机   *161*

第六章 与人交谈的礼仪

社会交往，语言交流是必不可少的沟通方式。在与人交谈中既要讲究说话艺术，也要注意交谈礼仪。否则或是因失礼而产生误解，或是因无礼而让人厌恶。

一 把握与人交谈的艺术   *166*

01 抓住重点，理清思路   *166*
02 条理清晰，有条不紊   *169*
03 精心遣词，悉心表达   *171*

04	言简意赅，简练有力	173
05	驾驭语气，引人入胜	176
06	运用语调，扣人心弦	179
07	委婉暗示，曲径通幽	184
08	幽默风趣，魅力无穷	186
09	手势表情，相辅相成	189

二 掌握令人愉快的聊天妙方　　　　192

01	善于打开聊天的话匣子	192
02	聊天注意内容也要注意方式	197
03	用流行语为聊天添姿着色	202
04	掌握好分寸，插话不能失礼	205
05	耐心地倾听，拉近彼此的距离	208
06	转移话题，巧避聊天中的冷场	209

三 在交谈中善于倾听与呼应　　　　213

01	倾听他人说话的基本要求	213
02	注意倾听中的神情和态度	216
03	聆听他人谈话有禁忌	218
04	及时地进行呼应，倾听中表现尊重	219

第七章 餐饮礼仪

餐饮在社交活动中起着增加双方了解、增进彼此友谊的重要作用。与人同餐共饮要体现出良好的文明素质，表现出礼貌的待客之道。

一 　中餐的礼仪 　　　　　　　　　　　226
01 　遵守宴会入席的规矩 　　　　　　　　226
02 　学会正确使用中餐的餐具 　　　　　　227
03 　检点自己的"吃相" 　　　　　　　　229
04 　给客人让菜务必适度 　　　　　　　　230
05 　讲究宴会中的饮酒之礼 　　　　　　　231
06 　熟悉宴饮中的祝酒之礼 　　　　　　　232
07 　巧致祝酒词活跃气氛 　　　　　　　　233
08 　酒桌之上更要重礼讲礼 　　　　　　　235
09 　善用谢酒术巧推他人劝酒 　　　　　　238

二 　西餐的礼仪 　　　　　　　　　　　240
01 　了解席位座次的礼仪安排 　　　　　　240
02 　懂得餐具的正确摆放 　　　　　　　　241
03 　学会刀、叉、匙的使用 　　　　　　　242
04 　了解餐巾的用途和规范使用 　　　　　244
05 　知道开胃菜与汤的吃法 　　　　　　　245
06 　懂得面包的正确食用方法 　　　　　　246
07 　讲究鱼、肉等主菜的吃法 　　　　　　247
08 　了解沙拉的吃法 　　　　　　　　　　248
09 　懂得西餐宴会的饮酒礼仪 　　　　　　249
10 　遵守离席与告退的规矩 　　　　　　　251

三 饮茶与咖啡的礼仪　　　　　　　　　　　*252*

- 01 奉茶：待客礼仪的重要环节　　*252*
- 02 饮茶：要避免失礼行为　　　　*254*
- 03 了解品种繁多的茶叶种类　　　*256*
- 04 咖啡饮用务必注重礼仪　　　　*260*
- 05 饮用咖啡要因地制宜讲礼仪　　*265*

第八章　聚会与娱乐的礼仪

在不同的聚会场合，参加不同的娱乐活动，尤其是注意遵守礼仪规范。这是社交礼仪的重要内容，也是人际往来的文明要求。

一　参加聚会的礼仪　　　　　　　　　　　　*270*

- 01 把握参加集会的礼仪规范　　　*270*
- 02 注重出席晚会的礼仪规范　　　*274*
- 03 讲究出席酒会的礼仪规范　　　*277*
- 04 出席招待会要客随主便　　　　*279*
- 05 参加沙龙：交际休闲两相宜　　*281*
- 06 参加俱乐部要注意公共秩序　　*283*
- 07 生日聚会应热烈而不失礼　　　*285*

二 参加舞会的礼仪 — 288
- 01 了解舞会的礼仪规则 — 288
- 02 邀请舞伴要优雅而得体 — 290
- 03 礼貌婉拒，谢绝邀舞 — 292
- 04 舞姿风度注意高雅优美 — 293

三 参加文艺晚会的礼仪 — 294
- 01 提前准备，凭票入场 — 294
- 02 着装得体，文明观演 — 295
- 03 提前进场，免扰他人 — 296
- 04 对号入座，依次入场 — 296
- 05 交际适度，礼貌待人 — 298
- 06 维持秩序，遵守规定 — 299
- 07 尊重演员，切忌喧哗 — 302
- 08 提升品位，懂得欣赏 — 303

CHAPTER 1

SHEJIAO
LIYI
GAISHU

第一章
社交礼仪概述

在现代社会，人际交往活动日益频繁，差不多每个人每天都要同他人接触交流。在社会交往中，就不能不讲究礼仪规范。社交礼仪是社会文明生活的重要标志之一。讲究社交礼仪，不仅体现出个人的文明水准、道德风貌和气质风度，而且在涉外交际场合中还体现本民族的文化修养和本国家的文明形象。

一 社会交往不可缺少社交礼仪

礼仪是人类为维系社会正常生活而要求人们共同遵守的道德规范和行为准则，它是人们在人际交往中以约定俗成的程序、方式来表示对对方尊重的方式和过程。礼仪的核心是尊敬友善、互相谦让。在社会交往中，不可缺少社交礼仪。

礼仪是人类文明生活的重要标志

礼仪是人们在长期共同生活和相互交往中逐渐形成并以风俗、习惯和传统等方式固定下来的，它是一个国家、一个民族文明程度、道德修养、审美情趣和文化品位的外在表现形式，是人际交往的通行证。

礼仪由礼节和仪式组合而成。礼节是特定民族、人群或国家基于历史传统而形成的文化形式，是人们在工作、学习、生活、交际场合表示问候、尊敬、祝颂的惯用方式，如鞠躬、握手、点头致意等。仪式则是社会生活中由于风俗习惯而形成的为大家共同遵守的形式，如重要会议、开幕式、闭幕式、签字仪式等。

在人际交往中，礼仪具有如下几个方面的作用。

其一，促进沟通，促进人们相互尊重。人们在交往时以礼相待，有助于加强人们之间互相尊重，建立友好合作的关系。

其二，规范人们的行为方式。礼仪约束着人们的行为，从而协调着人与人之间的关系。

其三，减少与缓和人际矛盾。在现代生活中，人们的相互关系错综复杂，有时会避免不了地发生冲突。讲究礼仪有利于促使冲突各方保持冷静，从而有利于缓和矛盾。

礼仪可分为社会礼仪与专项礼仪两大类。

社会礼仪是用来约束每一个社会人的。如不随地吐痰、不乱扔垃圾、尊老爱幼、女士优先等。

专项礼仪则是各行业根据自身的特殊需要而形成的各种形式规范。如果按内容分类，大致分为政务礼仪、商务礼仪、服务礼仪、社交礼仪、涉外礼仪等。如果按职业分类，可分为教师礼仪、警察礼仪、军人礼仪等。

社交礼仪是社会交往的行为准则

社交礼仪具有以下四个基本特点。

◎ **传承性**

礼仪规范将人们交往中的习惯、准则的形式固定并且沿袭下来，就形成了继承性的特点。它是人类长期共同生活中逐渐积累起来的，是人类精神文明的标志之一。当然，对于古代的礼仪不能全盘肯定，特别是封建统治者制定的许多礼仪是为了肯定其至高无上的地位，维护其封建统治的，是强迫臣民门绝对服从的，对于其糟粕我们必须加以摈弃。只有对那些反映中华民族和劳动人民文明水平、道德风貌、大智大勇和气质修养的健康高尚的礼仪，才是我们可以肯定和借鉴的，才代表了我们祖先讲究礼仪、待人以礼的主流和本质。

◎ **民族性**

礼仪的内容大都以约定俗成的民风习性、特定文化为依据，它突出地集中地体现了本民族的心理、文化和习惯。从这个意义上讲，礼仪反映了一个国家、一个民族的文明、文化和社会风尚。在交际活动中，除了要注重业已形成并被广泛认可的通用的礼仪规范和准则外，同时还应当继承和发扬本民族的优良礼仪传统。这样做，非但不会与通用礼仪规范相悖，相反，会使交际对象感到更加亲切，倍增友善情谊。

由于现代社交礼仪具有民族性的特点，所以入乡随俗是十分必要的。在中国当你喜欢一个小孩时，可以用手去抚摸他的头发，表达你的爱意，但如果这是在泰国，那里的人们认为头发是灵魂所在，别人是不能碰的。

◎ 变异性

现代社交礼仪作为一种约定俗成的行为规范，其运用受到时间、地点的约束。同一礼仪时常会因时间地点的不同而发生变化，这便是礼仪的变异性的特点。

现代社交礼仪是随着社会的变化而变化的，封建社会灭亡了，其礼教也随着消亡。三拜九叩之类的礼节拿到现在就行不通，反过来20世纪初的一些仁人志士海外求学归来，以鞠躬替代跪拜礼则被视为异端。同一礼节在此地被视为友好，在彼地则可能被视为冒犯别人。

◎ 针对性

一般来说，礼仪的运用是规范的，但是由于现代社交对象的不同，礼仪的适应则有了针对性的一面。同样的礼节对不同年龄、不同性别、不同阶层的人会产生不同的效应。在社交活动中必须针对不同的对象、不同的场合运用相应的礼仪。如同样一句话对年轻人来说可能没有什么，而对老年人来说，则可能伤害他的感情。再如同样是握手，男女之间力度就应不同，老朋友和新知亦有所不同。同样是打招呼，不同地区、不同民族也不同。正是由于礼仪有这样一些细微差别，要求人们在社交活动中尽可能多地熟悉和掌握社交礼仪，熟练地运用礼仪规范来展示自己的风范，使自己在社交场合中保持良好的社交形象，促进社交成功。

社交礼仪具有教化的功能

社交礼仪之所以被提倡，之所以受到社会各界的普遍重视，主要是因为它具有多种功能和作用。社交礼仪可以使人们之间的感情得到沟通，成为人际关系和谐发展的调节器，还可对社会风尚产生良好广泛的影响，能够教育纠正人们的不良的行为习惯。因此，讲究礼仪不仅有助于个人塑造良好的社交形象，而且有益于社会的精神文明建设。

总的说来，社交礼仪在人际交往中，具有沟通、协调、维护及教育四大功能。

◎ 沟通功能

在人际交往中双方都自觉地执行礼仪规范，这样容易使双方之间的感情得到沟通，从而容易使人们之间的交际往来得到成功，进而有助于人们从事的各种事业得以发展。

◎ 协调功能

从一定意义上说，礼仪是人际关系和谐发展的调节器。人们在交往时按礼仪规范去做，有助于加强人们之间的互相尊重、友好合作的关系，缓解或避免某些不必要的情感对立与障碍。

◎ 维护功能

现代社交礼仪是整个社会文明发展程度的反映和标志之一，同时礼仪也反作用于社会，对社会的风尚产生广泛、持久和深刻的影响。社会上讲礼仪的人越多，社会便会越和谐安定。在维护社会秩序方面，礼仪起着法律所起不到的作用。

◎ **教育功能**

现代社交礼仪通过评价、劝阻、示范等教育形式纠正人们不正确的行为习惯，倡导人们按礼仪规范的要求去协调人际关系，维护社会正常生活。遵守礼仪规范的人，客观上也起着榜样的作用，无声地影响着周围的人。大家互相影响、互相促进，就会共同加强社会主义精神文明建设。

社交礼仪展示着人的精神风貌

在加强人们之间的联系和合作、推动社会进步中，社交礼仪有着不可替代的作用。

◎ **有助于塑造良好的社交形象**

社交成功与良好的社交形象是分不开的。社交中的自身形象是十分重要的，它直接影响着交往双方关系的融洽和交际的成败。

讲究社交礼仪有助于塑造人的良好社交形象。社会交往中的人，总是以一定的仪表、装束、言谈、举止进行某种行为而出现的，这是影响人们第一印象的主要因素。整洁大方的衣着、得体的举止、高雅的气质、良好的精神面貌和真诚动人的谈吐，必定给对方留下深刻美好的印象，从而建立起友谊和信任关系，达到社交目标。在这里，礼仪不仅起着润滑和媒介的作用，而且起着黏合和催化作用，它对表达感情、增进了解、树立形象都是必要的。

◎ 促进交往行为的规范化

社会交往中，人与人的了解和认识是从礼貌开始的，礼貌礼节从古至今都是衡量一个人文明程度的准绳之一。在社交中人们互相鞠躬、握手、拥抱、献花等，不仅是对交往对象表示敬意和友善的一种形式，而且还反映一个人的精神面貌、道德情操、气质修养，以及处理问题时的应变能力。在社交场合，人们按照固定的程序，采取恰当的方法进行交往，有助于相互间的沟通和达成共识。礼仪作为一种共同遵守的行为规范，一方面是各种人际交往的有效途径，同时它还有着对人际关系的整合及疏导功能。如守时守约、讲究仪容仪表、尊老爱幼、讲究公德等。礼仪潜移默化地熏陶着人们的心灵，使人们在社会生活中事事处处注意自己的言行，养成良好的文明习惯，彬彬有礼，努力成为一个受人欢迎的人。礼仪同时还制约人们按照社会公认的行为模式去交往、去生活，要求人们非礼勿视、非礼勿动，为人们创造安定团结的生活工作环境，成为人际关系和谐的润滑剂。

◎ 有助于建设社会主义精神文明

中华民族是具有悠久历史和优秀文化的伟大民族。礼仪蕴涵着丰富的文化内涵，我们建设社会主义精神文明不能割断历史，对民族传统文化包括礼仪要取其精华，去其糟粕，并结合时代特点加以发展，推陈出新，使它不断发扬光大。

讲究礼仪有助于发扬民族优秀文化传统。古往今来，人们都把礼仪修养视为一个国家、一个民族文化文明程度的重要标志，也是衡量一个人道德水准高低、有无教养的尺度之一。继承和发扬民族优秀文化传统，一个重要方面就是继承和弘扬民族传统礼仪中的精华，提高全民族的文明程度，促进社会的和睦和发展。

◎ 有助于增强民族自尊心

改革开放打开了国门，使国人看到了五彩缤纷的外部世界。随着改革开放力度的加大，我们与世界各国的交流无论深度还是广度都是前所未有的，礼仪也面临着与世界接轨的问题。人们注意到在礼仪问题上故步自封是行不通的，但是搞民族虚无主义和全盘西化也是行不通的。我们不但应该继承和发扬民族优秀文化传统，而且要充分体现时代精神，立足本国，而又充分吸收世界优秀文化成果，通过礼仪教育和礼仪实践增强民族自尊、自信、自强的精神，巩固和发展人民内部平等、团结、友爱、互助的社会主义新型关系，使社会主义思想道德蔚然成风。

在对外交往中讲究礼仪，可以展示中国人民的精神风貌，加深与世界各国人民的友谊和交流，提高我国的国际地位和威望。

二 社交的基本礼仪规范

社交不是随心所欲的，而是有着一定的规则和惯例。正是这些基本规则和惯例构成了社交礼仪的基本内容。社交中要尊重对方的人格尊严，这是最起码的社交要求，只有尊重别人才能赢得别人的尊重。社交中还要把握"适度"原则，与他人保持恰当的距离，距离能够产生美。只有知晓了这些礼仪的规则，才能在社交中游刃有余、应付自如，开创出一片自己的社交新天地。

尊重他人，礼貌待人

人们在社交活动中，必须要尊重他人的人格尊严。尊重是礼仪的情感基础，人与人之间只有彼此尊重，才能保持和谐愉快的人际关系。

在人际交往中讲究礼貌是为了表达对人的尊重。实际上，尊重应该是相互的，你尊重别人，别人自然也会尊重你；你不尊重别人，你也不会被尊重。世界上一般人都希望别人尊重自己，那么人人都应该学会尊重别人。只要求别人尊重自己，而自己一点也想不到应该尊重别人，这是自私自利、不懂得起码礼貌常识的表现，这样做也就无法在人际交往中取得成功。

拜访他人家庭或前往他人办公室洽谈，拜访者的眼睛不得四处窥视，更不得在对方未允许之前去翻看或挪动桌子上放置的文件、书报和其他物品。因为这些都是他人的私人领域，同时他人桌上可能夹置某些"隐私之物"，所以绝不能有冒昧举止或侵犯行为。

约束自己，自律自重

礼仪规范是为维护社会生活的稳定而形成和存在的，它反映了人们的共同要求，社会上每个成员都应当自觉遵守执行。谁违背了礼仪规范，就会受到社会舆论的谴责。

人们掌握了礼仪规范就会在心目中树立起道德信念和行为准则，并以此来约束自己在社交中自觉按礼仪规范去做，做到自律自重。

对个人来说，培养自律自重的过程，实际上是在高度自觉的前提下使自己的整体素质提高的过程，所以这不是一朝一夕的事。但是，只要肯下工夫，是能够达到理想境界的。因此我们应当自觉学习礼貌、礼节、民俗等方面的知识，只有这样，才能在待人接物中应付自如，左右逢源。

生活中，有人在某种场合很懂礼貌，很讲文明，懂得自律自重，而在另一种场合却显得粗野庸俗。当然环境对人的影响很大，但礼貌修养好的人总是能以严格的礼仪规范要求自己，即使遇到一些特殊场合，比如对不讲礼貌的人，也能心平气和地以礼待人。他们时时处处都能讲究礼貌，而不受环境的影响，这是他们自我性情陶冶的结果。

尊重女性，女士优先

女士优先的核心精神是要求成年男士在任何时候、任何情况下，都要在行动上从各个方面尊重女士、照顾女士、帮助女士、保护女士。

◎ 在演讲时

人们在发表演说时，开场白总要先说"女士们"再说"先生们"。因为首先提到的人总是最受尊敬的人。

◎ 在进餐时

与女士一同进餐时，男士要协助坐在身旁座位的妇女就座，做法是把椅子从餐桌往外拉开，等妇女站到合适的位置将要坐下时再把椅子推回靠近餐桌，让她坐下。在宴会上服务员总是先给女客人上菜，然后再给男客人上菜。

◎ 在行走时

男女在街上一起行走时，男子必须走在靠马路车辆行驶的一边，过马路时,男的不必前后来回奔跑,只需保持在女伴左边,使女性居右。

走路如果不是并肩而行,一般原则是让女士走在前面,男士走在后面,只有当遇到障碍需要男士去排除的时候才例外。

上楼梯时,是女先男后。下楼梯时则恰恰相反,男士应当走在前面。

> 与妇女同行,还应主动帮助她携带背包以及外衣等物品,绝不能自己两手空空而让妇女拿着许多东西,但不必帮她拎随身的小包。另外,当男士为女士效劳遭到再三拒绝时,男士亦不必勉强。

待人接物要宽宏大度

宽宏大度,就是能容人,能原谅别人的过失。每个人都要学会推己及人,设身处地地多为对方着想,严于律己,宽以待人,树立容纳他人的意识。

在与他人的交往过程中,应当具有宽容别人的胸襟。如果出现意见对立或对方伤了你的自尊心,侵犯了你的利益,都应以宽大的胸怀容人。我们不能要求所接触的人都有使自己满意的处世办法。有的人在待人接物时会无意中出现失礼行为,还有的人缺乏礼貌修养。遇到这些情况，如果不容人，则无法使交往继续进行，甚至造成很难弥合的感情裂痕。宽容别人，不但能显示出自己的良好修养，而且能使行为不良的人得到感化。

得理不让人，对无理或失礼者穷追不舍，把人逼入窘境，这样就易使对方产生强烈的逆反心理，不但不会承认自己有错，反而容易产生对抗的心理与行为。

当然，宽容绝不是纵容，不是放弃原则的姑息迁就，不是做"老好人"。对于邪恶行为和故意寻衅滋事者不能一味讲宽容，而要有理、有礼、有节地坚持说理。如果容忍邪恶，不但谈不上礼貌，而且连道德人格也丧失了。

把握恰当的情感尺度

人际交往中要注意各种情况下的社交距离，也就是要把握在特定环境中人们彼此之间的情感尺度。

人与人交往的时候不能冷淡，也不能过于热情，过分的热情会让人反感。中国人讲究待人接物既要诚恳热情，又应当合乎彼此的身份和关系，符合礼仪规范。如果一味只顾热情友好，而不顾"礼"的适度，就是所谓的"热情越位"，这与不够热情同样有害。"热情越位"会被人视为失礼和没有教养的表现。实际生活中，常见的过分热情的现象有：与人交谈时，喜欢用过多的吹捧语言；不管他人是否愿意接受，勉强别人吃饭或玩耍；在宴会上互相敬酒表示友好，但如果过分热情，硬让不会喝酒的人喝酒甚至过量喝酒，就会失言失态，从而破坏宴会的气氛，也使客人的身心受到伤害；客人已是酒足饭饱，还不停地劝其继续吃喝等。过分热情会使别人陷于难堪境地，并可能觉得你很虚假。所以，我们在待人接物时要注意既用真诚的热情，又要掌握一定的尺度，即要做到热情有度。

尊重交往对象，也应有一定的度。过分的尊重有可能会让对方觉得自己在被迫演戏，对方也可能会因此看轻你。

表现自己的谦虚，应有一定的度，过度的谦虚会让人觉得虚伪；表现自己的豪爽，也应有一定的度，否则别人会觉得你对任何人都会这样，他自己受到的豪爽与慷慨并不那么宝贵。

人与人之间的交际，需要给予和付出，也需要很好地把握交际的距离，真正待人有方的人，总会不失时机地使自己与别人保持一定的距离。

与他人等距离地交往

在现代社交活动中，我们经常需要同时与几个朋友打交道。在这种情况下，言谈举止稍有不慎，就会显得厚此薄彼，影响自己与他们之间的关系。为了避免这种失误，最好的办法就是要遵循"等距离"原则。所谓"等距离"原则，是指在社交场合，特别是在一些交际应酬中，对待众多的合作伙伴，应努力做到一视同仁，不要使人感觉有明显的亲疏远近、冷暖暗明之分。

务必尊重他人的隐私

隐私，即不愿告诉他人和不愿意公开的个人情况。国内外的社交活动中均尊重个人隐私权，凡涉及个人隐私的一切问题，在交往中均应回避，否则就会引起对方的不悦，自己也感到尴尬。

由于习俗不同，许多民族都有其忌讳的话题。政治问题、宗教信仰、风俗习惯、个人好恶等等，在涉外交往中都不宜妄加非议。个人隐私、他人的短长、令人不快的事物以及低级趣味，也是不应选择的话题。中国人之间谈论疾病、死亡、厌恶的甲虫以及惨案、丑闻、色情故事之类无关紧要，对外国人却绝对谈不得。外国人认为谈论这些格调低下、庸俗的话题，使人扫兴，又不吉利。中国人相见经常互相问候对方的身体如何，但外国人通常是不愿谈论这些话题的。若是与病人讨论、分析病情，将会被看作是失礼的。

需要强调的是，在人际交往中，一旦发现自己选择的话题不受欢迎，应立即转移话题，不要毫不知趣地继续下去。如因自己疏忽而选择了令对方不快的话题，则应当道歉，这也是对对方的尊重。

文明交往,不开过分的玩笑

同事、朋友之间相处,开玩笑是经常发生的事。但开玩笑要适度,不能违背礼仪。过度的玩笑常常会适得其反,引起不良的后果。

那么,这个"度"应如何掌握呢?

◎ 要根据说话的对象来确定

人的性格各不相同,有的活泼开朗,有的大度豁达,有的则谨小慎微。对于不同性格的人,开玩笑就要因人而异。

◎ 要根据说话对象的情绪来确定

同一个人,在不同的时间里可能会有不同的心境和情绪。因此,开玩笑应选择在大家心情都比较舒畅时,或是在对方因小事而不高兴,并能通过笑话把对方的情绪扭转过来时。

◎ 要按说话时的场合、环境来确定

在安静的环境中,在大庭广众之下,尽量不要打趣逗笑。

开玩笑一定要注意内容健康,幽默风趣,情调高雅,切忌拿别人的生理缺陷开玩笑,把自己的快乐建立在别人的痛苦之上。同时,还要忌开庸俗无聊、低级下流的玩笑。开玩笑的内容应带有思想性、知识性和趣味性,使大家在开玩笑中学到知识,受到教育,陶冶情操,从中收到积极的效果。

在社交场合不能随便发怒

在社交场合中随便发怒，会造成两种不良的后果。

首先对发怒的对象不友好，它会伤了和气和感情，失去朋友、同事之间的友谊与信任。其次，对发怒者不利，一方面对本人的身体状况产生不良的影响；另一方面对发怒者的形象有不良的影响，人们会认为他缺乏修养，不宜深交。

在社会生活中，人们适应环境，并求得环境的认可和接受，也是一种本能的表现。它在社会交往中主要表现为与朋友、同事友好相处，不发怒或不发脾气，并从多方面克制自己。要做到这一点，首先，遇事要冷静思考；其次，要多为对方着想，站在对方的角度考虑问题，从中找出自己的缺点，以便更好地修正自己的看法；此外，对人要平和礼貌。每个人都有自己独立的人格和独特的个性，都有着各自的生活习性和兴趣爱好，都有着不受他人干涉的生活领域。

尊重他人，事实上也是在尊重自己。对人平和礼貌，可以表现自己的修养、风格和气度，可以树立起自己良好的威信，可以赢得更多朋友的信赖和尊重。

社交中不妨碍他人的行为

在公共场合，每个有教养的人都应当有意识地约束自己的行为，尽量不因为自己的行为举止妨碍、打扰他人。

在办公室里打电话，除了应调低自己的声音外，还应注意长话短说，避免长时间占用公用的电话，否则既影响单位业务信息的传达，也影响他人情绪。

在车站、机场、商店等公共场所，说话的声音要小到不妨碍他人为宜，手势也不宜过多。那种高谈阔论、指手画脚地谈笑，是对他人的妨碍，也是对他人的一种轻视。在大庭广众之下，走路不得咚咚作响，步子要轻一些。遇急事，不宜慌不择路、拼命奔跑，以免引起他人的不安。

剧院和音乐厅的规矩相当严格。首先，必须按时到达，准时入场。如果迟到，看戏必须等待一幕演完，音乐会必须在奏完一曲后，来者方可入场。有时甚至要等到中间休息后，才能入场就座。场内要保持安静，特别是音乐会。在演出过程中，除了演奏的音乐声外，应该鸦雀无声。谈话、品评、有时甚至翻阅节目单的声响，都会使邻座的人不高兴。咳嗽也要尽量避免。

CHAPTER 2

**RICHANG
JIAOJI
DE
LIYI**

第二章

日常交际的礼仪

生活是人生的大课堂。日常交际即是检测人的礼仪素质的大考场。从对他人的称谓到见面握手致意；从交换名片到相互攀谈，其中的礼仪细节都能反映出一个人的修养与文明素质。学习和运用日常交际中的礼仪，不仅有利于迅速拉近人与人之间的距离，密切人与人之间的情感交流，而且有利于树立个人文明礼貌、友善亲和的良好形象。可以说，讲究礼仪规范，日常交际就有了受人尊敬和欢迎的人际交往通行证。

一 称呼他人的礼仪

称呼，是在人与人交往中使用的称谓和呼语，用以指代某人或引起某人注意，是表达人的不同思想感情的重要手段。

在社交活动中，选择正确适当的称呼，反映着自身的教养和对对方尊敬的程度，甚至还体现着双方关系发展所达到的程度。因此对它不能疏忽大意，掉以轻心。

称呼：社交修养的文明标志

◎ 称呼的特征

在人际交往过程中，必须始终明确称呼的特征。

① 简洁性。人们在使用称呼时，简洁的要求是音节较少，形式较为简单，叫起来方便，易引起对方的注意与兴趣。

② 褒贬性。在称呼时，明显地表现出褒贬之意。

③ 开启性。人们使用称呼语是为了引起对方注意，进而表述更多的内容。

◎ 称呼的作用

在社交礼仪中，称呼具有如下作用：
① 称呼的运用标志着人际关系的实质。
② 表现一个人对他人的评价和情感。
③ 显示出人与人之间亲疏恩怨的概貌。
④ 反映人们情绪的消长和事情的成败。

◎ 称呼的种类

称呼比较典型的有尊称和泛称两种。尊称是指对人尊敬的称呼；泛称是指对人的一般称呼。

① 尊称。现代汉语常用的有："您""贵姓""某老"。其中"某老"专指德高望重的老人，有三种用法：一是"您"+"老"，如"您老近来如何？"二是"姓"+"老"，如"冯老""李老"。三是双音名字中的头一个字+"老"，如"望老（对著名语言学家陈望道先生的尊称）"。

② 泛称。以正式社交场合与非正式社交场合来划分，常用的泛称呼有以下几种：一是正式社交场合泛称呼的表达。姓或姓名+职称/职衔/职务，如罗教授、李将军、刘厅长；姓名，如章爱青；泛尊称或职业称，如同志、先生、小姐、大使先生。二是非正式社交场合称呼的表达。姓+辈分称呼或辈分称呼，如李伯伯、王叔叔或叔叔；名或名+同志，如铁安或铁安同志。老/小+姓，如老李、小张。

称呼的使用不可失礼无礼

使用称呼的基本原则是根据对方的年龄、职业、地位、身份、辈分以及与自己关系的亲疏、感情的深浅选择恰当的称呼。

① 在多人交谈的场合,要顾及主从关系。称呼人的顺序,一般为先上后下,先长后幼,先疏后亲,先女后男。

② 对某些情况比较特殊的人,如生理有缺陷的人,应绝对避免使用带有刺激性的或轻蔑的字眼。

③ 考虑称呼的使用范围,应避免不恰当的称呼语。

④ 根据自己的角色和现实位置,采取不同的称呼。有时环境不同、自己扮演的角色不同,对某一个人的称呼就不同。

⑤ 注意称呼的时代特色,应摈弃那些带有封建色彩的称呼。

⑥ 称呼时要加重语气,认真、缓慢、清楚地说出称呼语,称呼完了要停顿片刻,然后再谈你要说的事儿,这样才会收到理想的效果。

生活中称呼要亲切得体

对亲属朋友的称呼要亲切得体,表达出亲情和友情。

◎ 对亲属的称呼

不论是自己的亲属还是他人的亲属，都应亲切、得体地称呼。

① 对自己亲属的称呼。亲属，就是与本人有直接或间接血缘关系或姻亲关系的人。在日常生活中，对亲属的称呼是约定俗成、人所共知的。

与外人交谈时，对自己的亲属，应采用谦称。比如，称辈分比自己高的亲属，可在称呼前加"家"字，如"家父""家母""家兄"；称年纪比自己小的亲属，可在称呼前加"舍"字，如"舍弟""舍妹"；称自己的子女，可在称呼前加"小"字，如"小儿""小女"。

② 对他人的亲属的称呼。要采用敬称，对长辈，应在称呼前加"尊"字，如"尊母""尊兄"；对平辈，应在称呼前加"贤"字，如"贤妹""贤弟"；在亲属的称呼前加"令"字，一般可不分辈分与长幼，如"令堂""令尊""令爱""令郎"。

◎ 对朋友、熟人的称呼

对朋友、熟人的称呼，既要亲切、友好，又要不失敬意。对朋友、熟人的称呼主要有以下几种形式。

① 敬称。对任何朋友、熟人，都可以人称代词"你""您"相称。对长辈、平辈，可称其为"您"。对待晚辈，则可称其为"你"。以"您"称呼他人，是为了表示自己的恭敬之意。

对于有身份者、年纪长者，可以"先生"相称。称谓前还可以冠以姓氏，如"尚先生""何先生"。

对文艺界、教育界人士，以及有成就者、有身份者，均可称之为"老师"。在其前，也可加上姓氏，如"高老师"。

对德高望重的年长者、资深者，可称之为"公"或"老"。其具体做法是：将姓氏冠以"公"之前，如"谢公"。将姓氏冠以"老"之前，如"周老"。若被尊称者名字为双音，则还可将其双名中的头一个字加在"老"之前，如可称沈雁冰先生为"雁老"。

② 姓名的称呼。平辈的朋友、熟人，均可彼此之间以姓名相称。例如，"宋刚""李梅""张大明"。长辈对晚辈也可以这么做，但晚辈对长辈却不可这样做。

为了表示亲切，可以在被称呼者的姓前分别加上"老""大"或"小"字，而免称其名。例如，对年长于己者，可称"老刘""大赵"；对年幼于己者，可称"小郝"。

对同性的朋友、熟人，若关系极为亲密，可以不称其姓，而直呼其名，如"光复""志成"。对于异性，则一般不可这样做。要是称"胡雅芹""赵娟"为"雅芹""娟"，不是其家人，便是恋人或配偶了。

③ 亲近的称呼。对于邻居、至交，有时可采用"大爷""大娘""大妈""大伯""大叔""大婶""伯伯""叔叔""爷爷""奶奶""阿姨"等类似血缘关系的称呼，这种称呼，会令人感到信任、亲切。

在这类称呼前，也可以加上姓氏。例如："余大哥""朱大姐""刘大妈""丁阿姨"，等等。

> **Tips**
>
> 对一面之交、关系普通的交往对象，可酌情采取下列称呼。一是以"同志"相称；二是以"先生""女士""小姐""夫人""太太"相称；三是以其职务、职称相称；四是入乡随俗，采用对方理解并接受的称呼相称。

工作中称呼应力求庄重

在工作岗位上，人们彼此之间的称呼是有其特殊性的。它的总体要求是庄重、正式、规范。

◎ 职务性称呼

在工作中，以交往对象的职务相称，以示身份有别、敬意有加，这是一种最常见的称呼方法。

以职务相称，具体来说又分为三种情况。

① 仅称职务。例如："部长""经理""主任"，等等。

② 在职务之前加上姓氏。例如："周经理""隋处长""马委员"，等等。

③ 在职务之前加上姓名，这仅适用极其正式的场合。例如："马江平总经理""吴少王书记"，等等。

◎ 职称性称呼

对于具有职称者，尤其是具有高级、中级职称者，可以在工作中直接以其职称相称。

以职称相称，也有下列三种情况较为常见。

① 仅称职称。例如："教授""律师""工程师"，等等。

② 在职称前加上姓氏。例如："李编审""张研究员"。有时，这种称呼也可加以约定俗成的简化，例如，可将"罗工程师"简称为"罗工"。但使用简称应以不发生误会、歧义为限。

③ 在职称前加上姓名，它适用于十分正式的场合。例如："安文教授""杜锦华主任医师""郭雷主任编辑"，等等。

◎ 学衔性称呼

在工作中，以学衔作为称呼，可增加被称呼者的权威性，有助于增强现场的学术气氛。

称呼学衔，也有四种情况使用最多。

① 仅称学衔。例如："博士"。

② 在学衔前加上姓氏。例如："许博士"。

③ 在学衔前加上姓名。例如："许静博士"。

④ 将学衔具体化，说明其所属学科，并在其后加上姓名。例如："史学博士周燕""工学硕士郑伟""法学学士李丽珍"，等等。此种称呼最为正式。

◎ 行业性称呼

在工作中，有时可按行业进行称呼。它具体又分为两种情况。

① 称呼职业。称呼职业，即直接以被称呼者的职业作为称呼。例如，将教员称为"老师"，将教练员称为"教练"，将专业辩护人员称为"律师"，将警察称为"警官"，将会计师称为"会计"，将医生称为"医生"或"大夫"，等等。

在一般情况下，在此类称呼前，均可加上姓氏或姓名。

② 称呼"小姐""女士""先生"。对于商界、服务业从业人员，一般约定俗成地按性别的不同分别称呼为"小姐""女士"或"先生"。

"小姐""女士"二者的区别在于：未婚者称"小姐"，已婚者或不明确其婚否者则称"女士"。在公司、外企、宾馆、商店、餐馆、歌厅、酒吧、寻呼台、交通行业，此种称呼极其通行。在此种称呼前，可加姓氏或姓名。也可以在此前以职务在先、姓名在后的顺序，再加上其他称呼。

◎ 姓名性称呼

在工作岗位上称呼姓名，一般限于同事、熟人之间。其具体方法有三种。

① 直呼姓名。

② 只呼其姓，不称其名。但要在它前面加上"老""大""小"。

③ 只称其名，不呼其姓。通常限于同性之间，尤其是上司称呼下级、长辈称呼晚辈之时。在亲友、同学、邻里之间，也可使用这种称呼。

避免称呼中的错误与失礼

在社交活动中要避免称呼中常见的错误，禁用不恰当的称呼。这样才能使交往有礼，顺畅进行。

◎ **称呼错误**

常见的错误称呼有以下两种。

① 误读。一般表现为念错被称呼者的姓名。比如"仇（qiú）"不能读"chóu"、"查（zhā）"不能读"chá"等，这些姓氏就极易弄错。要避免犯此类错误，就一定要作好先期准备，必要时不耻下问，虚心请教。

② 误会。指对被称呼的年纪、辈分、婚否以及与其他人的关系作出了错误判断。比如，将未婚女子称为"夫人"，就属于误会。

◎ **禁用称呼**

在社交场合禁用的称呼有以下几种。

① 过时的称呼。有些称呼，具有一定的时效性，一旦时过境迁，若再采用，难免贻笑大方。比方说，在我国古代，对官员称为"老爷""大人"。法国大革命时期人民彼此之间互称"公民"。

② 不通行的称呼。有些称呼，具有一定的地域性，比如，北京人爱称人为"师傅"，山东人爱称人为"伙计"，中国人把配偶、孩子经常称为"爱人""小鬼"。但是，在南方人听来，"师傅"

等于"出家人","伙计"肯定是"打工仔"。而外国人则将"爱人"理解为"第三者",将"小鬼"理解为"鬼怪""精灵"。

③ 不当的行业称呼。学生喜欢互称为"同学",军人经常互称"战友",工人可以称为"师傅",道士、和尚可以称为"出家人",这无可厚非。但以此去称呼"界外"人士,并不表示亲近,反而产生被贬低的感觉。

④ 庸俗低级的称呼。在人际交往中,有些称呼在正式场合切勿使用。例如"兄弟""朋友""哥们儿""姐们儿""瓷器""死党""铁哥们儿"等一类的称呼,就显得档次不高。

不可将绰号作为称呼。对于关系一般的人,切勿自作主张给对方起绰号,具有明显的侮辱性的绰号,例如,"秃子""罗锅""傻大个"等,更不能说出口。另外,还要注意不要随便拿别人的姓名乱开玩笑。要尊重一个人,必须首先学会去尊重他的姓名。

二 与人握手的礼仪

一般来说,握手比较适合于正式的场合或向初次见面的朋友致意;打招呼则往往是非正式场合中已经相识的朋友之间的一种问候方式。

握手看似简单,却有着复杂的礼仪规则,表达着丰富的交际信息。握手的力量、姿势与时间的长短,往往能够表达出对对方不同的礼遇与态度,显现出交往双方的个性,不同的握手方式,会给人留下不同的印象,通过握手,可以了解对方的个性,从而赢得交际的主动权。

握手首先应选对时机

握手作为现代社交礼仪中最常见的形式之一,应选好时机。

◎ 欢迎与道别时

在家中、办公室里以及其他一切以自己作为东道主的社交场合,迎接或送别来访者时,要握手,以示欢迎或欢送。

在比较正式的场合同相识之人道别,要握手,以示自己的惜别之意和希望对方珍重之情。

拜访他人后，在辞行时，要握手，以示"再会"。

◎ 祝贺与感谢时

向他人表示恭喜、祝贺时，如祝贺生日、结婚、生子、晋升、升学，或获得荣誉、嘉奖时，要握手，以示贺喜之诚意。

他人向自己表示恭喜、祝贺时，要握手，以示谢意。

他人给予了自己一定的支持、鼓励或帮助时，要握手，以示衷心感激。

他人向自己赠送礼品或颁发奖品时，要握手，以示感谢。

向他人赠送礼品或颁发奖品时，要握手，以示郑重其事。

应邀参与社交活动，如宴会、舞会之后，要与主人握手，以示谢意。

◎ 高兴与问候时

遇到较长时间未曾谋面的熟人，要握手，以示久别重逢而万分欣喜。

被介绍给不相识者时，要握手，以示自己乐于结识对方，并为此深感荣幸。

在社交场合，偶然遇到同事、同学、朋友、邻居、长辈或上司时，要握手，以示高兴与问候。

◎ 理解与慰问时

对他人表示理解、支持、肯定时，要握手，以示真心实意。

得悉他人患病、遭受其他挫折或家人过世时，要握手，以示慰问。

伸手要符合礼仪的次序

在正式社交场合，握手时最为重要的是握手的双方应当由谁先伸出手来握手。握手的先后次序要符合礼仪规范。

◎ 一般情况的做法

具体而言，握手时双方伸手的先后次序大体包括如下几种情况。

① 年长者与年幼者握手，应由年长者首先伸出手来。

② 长辈与晚辈握手，应由长辈首先伸出手来。

③ 老师与学生握手，应由老师首先伸出手来。

④ 女士与男士握手，应由女士首先伸出手来。

⑤ 已婚者与未婚者握手，应由已婚者首先伸出手来。

⑥ 社交场合的先至者与后来者握手，应由先至者首先伸出手来。

⑦ 上级与下级握手，应由上级首先伸出手来。

⑧ 职位、身份高者与职位、身份低者握手，应由职位、身份高者首先伸出手来。

◎ 特殊情况的做法

在一些特殊场合，握手时的伸手顺序应注意。

① 一个人需要与多人握手，应讲究先后次序，即先年长者后年幼者，先长辈后晚辈，先老师后学生，先女士后男士，先已婚者后未婚者，先上级后下级，先职位、身份高者后职位、身份低者。

② 在公务场合，握手时伸手的先后次序主要取决于职位、身份。而在社交、休闲场合，则主要取决于年纪、性别、婚否。

在接待来访者时，应由主人首先伸出手来与客人相握。而在客人告辞时，则应由客人首先伸出手来与主人相握。前者是表示"欢迎"，后者则表示"再见"。

握手的方式要自然适当

握手的标准方式，是行至距握手对象约 1 米处，双腿立正，上身略向前倾，伸出右手，四指并拢，拇指张开与对方相握。握手时应用力适度，上下稍许晃动三四次，随后松开手来，恢复原状。

与人握手时，理当神态专注、热情、友好、自然。在通常情况下，与人握手时，应面含笑意，目视对方双眼，并且口道问候。在握手时，切勿显得三心二意、敷衍了事、漫不经心、傲慢冷淡。

◎ 姿势自然

向他人行握手礼时，只要有可能，就应起身站立。除非是长辈或女士，否则，坐着与人握手是不合适的。

握手时最好的做法，是双方站立，彼此将要相握的手各向侧下方伸出，伸直相握后形成一个直角。

◎ 手位适当

在握手时，手的位置至关重要。常见的手位有两种。

① 单手相握。以右手单手与人相握，是最常用的握手方式。不过进而言之，单手与人相握时，手掌垂直于地面最为适当。它称为"平等式握手"，表示自己不卑不亢。

与人握手时掌心向上，表示自己谦恭、谨慎，这一方式叫作"友善式握手"。

与人握手时掌心向下，则表示自己感觉甚佳，自高自大，这一方式叫作"控制式握手"。

② 双手相握。双手相握，即用右手握住对方右手后，再以左手握住对方右手的手背。这种方式，适用于亲朋故旧之间，可用以表达自己的深厚情谊。一般而言，此种方式的握手不适用于初识者与异性，因为它有可能被理解为讨好或失态。这一方式，有时亦称"手套式握手"。

Tips

双手相握时，左手除握住对方右手手背外，还有人会握住对方右手手腕、握住对方右手手臂、按住或拥住对方右肩，这些做法除非是面对至交，最好不要滥用。

◎ 力度适中

握手时，为了向交往对象表示热情友好，应当稍许用力，大致握力以在两公斤左右为宜。与亲朋故旧握手时，所用的力量可以稍微大一些；而在与异性以及初次相识者握手时，则千万不可用力过猛。

◎ 时间适度

与他人握手的时间不宜过短或过长。大体来讲，握手的全部时间应控制在3秒钟以内，握上一两下即可。

了解握手的禁忌与注意事项

在社交活动中，要避免握手失礼，就要了解握手的禁忌与注意事项。

◎ 拒绝他人的握手

无论谁先向自己伸手，即便他忽视了握手礼的先后顺序而已经伸出了手，都应看作是友好、问候的表示，应马上伸手相握；拒绝他人的握手是很不礼貌的。

◎ 用力过猛

握手时不要用力过猛，尤其是当男性与女性握手时，用力一定要适度，而且往往只握一下妇女的手指部分，不可将手直插女性虎口处，更不要对女性采取双握式（俗称"三明治"式）握手。

◎ 交叉握手

在多人同时握手时，不要交叉握手。当自己伸手时发现别人已伸手，应主动收回，并说声"对不起"，待别人握完后再伸手相握。交叉握手在通常情况下是一种失礼行为。如在丹麦人面前交叉握手，则会被看作是最无礼也最不吉利的事情。

◎ 戴手套握手

无论男女，在社交活动中，与人握手时均不应戴手套，即使你的手套十分洁净也不行。这是因为"十指连心"，人们之所以在相见时握手，是让双手相握触摸时传达自己的内心情感。

◎ 握手时东张西望

握手时双目不能斜视或环视其他地方，应注视对方，让两手相握时，通过双方的目光形成一个情感的"闭合回路"。边握手边说"你好！你好！""见到你很高兴！""欢迎您！""恭喜您！""辛苦啦！"等。

三 交换名片的礼仪

在现代社会中，使用名片已成为社交中必不可少的行为方式，人们在初次相见时大都会以名片相赠。名片作为一种自我的"介绍信"和社交的"联谊卡"，在人际交往中可用以证明身份，广结良缘，联络老朋友，结交新朋友。在社交中，名片的使用要做到合乎礼仪规范，要做到注意场合，慎重选用，不失礼仪，这样才能充分发挥出名片的作用。

名片是社交中的"联谊卡"

名片一般有以下三种类型。

① 社交名片。只印姓名、地址、邮编、邮箱、电话。

② 职业名片。除印姓名、地址、邮编、邮箱、电话外，还要印单位、职称、社会兼职。

③ 商务名片。除印姓名、地址、邮编、邮箱、电话、单位、职称、社会兼职外，在背面还要印上单位业务范围、经营项目等。

在我国名片使用中，常有一种误区，好像要把自己的所有辉煌成绩都在名片上表现出来,这样才能抬高自己的身价,所以有很多名片头衔很多,几乎占据了名片的 1 / 2 的位置。这样,有时反倒会使人反感。在社交活动中一般挑比较重要的或准备几种头衔的系列名片比较好。

个人名片,职务、职衔不应超过两项,头衔过多则有自我卖弄、炫耀之嫌。

印制名片一般均可委托名片制作商承办,所以并不费神。然而为了使自己的名片具有特色,还是应当精心选择,耐心斟酌,以求使名片体现本人的风格。

把握好递交名片的时机

遇到以下几种情况,需要将自己的名片递交他人,或与对方交换名片。

- 希望认识对方。
- 表示自己重视对方。
- 被介绍给对方。
- 对方提议交换名片。

- 对方向自己索要名片。
- 初次登门拜访对方。
- 通知对方自己的变更情况。
- 打算获得对方的名片。

不要把自己的名片随意发散给陌生人，防止被别有用心的人不正当使用。遇到以下几种情况，不需要把自己的名片递给对方，或与对方交换名片。

- 对方是陌生人。
- 不想认识对方。
- 不愿与对方深交。
- 对方对自己并无兴趣。
- 经常与对方见面。
- 双方之间地位、身份、年龄差别悬殊。

交换名片仪态要正确

交换名片时应有正确的仪态，它体现了一个人的修养和素质。

交往初次见面的人时，交换名片是不可少的，名片代表着自身，所以无论是递名片或收受名片，一定要保持恭敬严谨的态度。

名片的正确拿法是：将名片放于手掌上，以大拇指轻轻按住，但不需太用力。切记不要以手指捏着名片，那是非常失礼的。

职位低的人应先给出名片,这是基本的礼貌,不过假如对方已经先递出名片,就赶快先收下,如果是和对方一起交换名片时,则先递出自己的名片,然后再用双手收下对方的名片。

递出名片时应起身,并面对对方,且以对方能够阅读的方向递交出去,以右手持名片但不要压住名字,以左手辅助轻轻地奉上。两手一起奉上则更显慎重,对方必定会产生好感,如果以单手轻率地递出,极可能引起对方的不悦。要一边念出自己工作单位的名称与自己的名字,一边递出,如果有难念的字,应该主动告诉对方正确的念法,对方会觉得有亲切感。

交换名片时的高度不能低于腰部以下。

若是拿着名片行走时,拿着名片的那只手应放于胸前。

如果对方已准备递给自己名片,而自己因动作缓慢让对方久等,这是相当不礼貌的。当确定对方准备将名片递给自己时,也应尽快将自己的名片递出。

收受名片要有礼貌

收受名片的顺序是,以两手承接对方递上的名片,接着应轻轻点头打招呼并将名片快速浏览一遍,然后可以看着对方的脸说:"是××公司的××先生吗?"这是为了确定对方的姓名与服务的公司。需要注意的是,此时不可拿着名片在对方的面孔旁边比对或是从头到脚打量对方,这是极度没有礼貌且易引起他人反感的行为。

收受名片时应注意以下两点。

① 当手中拿着其他东西却要收受名片时,必须先放下手中的东西,再收受名片。千万不要手上拿着东西还一边收受名片,这会给人以随便的感觉,对方也会觉得自己不受重视。

② 接受名片时,应拿着名片的边角,以认真的态度看名片上的资料,而不是收到之后就置之不理,塞进袋中。

记住,一定以双手收受名片,这样会让人感到诚意十足。

拿到名片之后也应该注意以下两点。

一是要谨慎地收受对方送来的名片,小心不使其掉落,之后放入上衣口袋或名片夹中,不能随便放置。

二是在对方递出名片并介绍姓名时,不要重复问应该如何念。

谨守递出名片与收受名片的礼节,想要留下良好的第一印象就不是难事了,说不定能因此而获得发展机会。

名片体现着个人尊严,无论拿着名片把玩或是摇晃都是很失礼的行为,即使上衣没有口袋,也不要放在裙子或裤子的口袋里。

四 问候与寒暄的礼仪

日常交际免不了相互问候与寒暄。掌握其中的礼貌用语是社交礼仪的客观要求。

问候就是向对方说一些表示良好祝愿或欢迎的话。对人真诚地问候,是增加生活乐趣增进感情的一种礼节形式。寒暄也是人际交往中不可缺少的会话形式。同时,使用敬语、谦语等礼貌用语,更是有助于交往双方之间产生好感,达成谅解。恰到好处地使用礼貌用语,是人际交往过程中的"通行证"。

问候他人,联络感情不失礼

人际关系的融洽离不开一定的情感因素,而一定的情感的表达常常通过一定的问候予以传递。问候的形式有日常的一般问候与特殊问候两种。

◎ 日常问候

日常问候是亲朋之间、同事之间、师生之间等互致的问候。有按时间问候，比如出门上班、上学，相互见面问个好："早安！""早上好！"下班放学说声"再见"等。有按场合问候，比如上学离家时向父母家人打个招呼道别："爸爸妈妈，我走了。"回到家见到父母说声："爸爸妈妈，我回来了。"家里人也应回答："你走好，早点回来！""回来了，歇一会吧！"同样，在社交和其他场合，熟人相遇、朋友相见，互致问候更是第一道礼仪程序，即使是一面之交，相遇也应打招呼。

如果子女见了父母、学生见了老师、下级见了上级，不打招呼，视若无人或一脸冰霜，那又会是什么情形？毫无表示或漫不经心，会被认为是傲慢无礼的表现。

◎ 特殊问候

特殊问候一般有节日问候、喜庆时的问候或道贺和不幸时的问候或安慰。人生在世，有各种各样的人际关系。在民间，每当亲朋家中有婚嫁、寿诞、丧葬以及其他重大事件时，人们往往都难以置身度外，特别是在中国，人们历来就十分重视这类活动中的"人情"。现代社会，经济高速地发展，人们忙于从事各种各样的工作，很难同时集聚在一起，人们大多在逢年过节时向远方、或不常见面的亲友及关系较密切的朋友问候，这是联络感情的最简便而又极有效的礼仪方式。婚嫁、祝寿、店铺开张、事业有成、乔迁新居等喜事，大家往往都要行动起来向其表示祝贺并致问候。对于丧葬、事业受挫、家庭变故、失恋、遭灾等不幸，表示同情、安慰或协助操办，并给予必要的帮助。因此，红白喜事成了人们增加接触、了解和联络感情的重要纽带，它们极大地丰富了人们日常交际的生活内容。

亲朋好友之间互致问候应注意约定俗成的惯例。第一，尊重老人和妇女，即在顺序上男士应先问候女士，晚辈应先问候长辈，年轻人应先问候老人，下级应先问候上级，年轻的姑娘、女士问候比自己年龄大得多的男性。第二，主动问候，这是尊重他人的表示，即使你比对方年长，主动问候也不失自己的身份，只会多增加一份友情、亲情。

问候的方式多种多样，可以口头问候，也可以书信问候，可以寄贺卡或明信片问候，也可以电话、电报问候，如果有条件的话，适当送些礼物表示问候则是人们联络感情、加强联系的较好方式之一。

适当寒暄，热情不失庄重

寒暄是表示客气的套语，在言谈中人们经常会听到、用到。但人们也经常听到有些寒暄话很别扭、很虚假，让人觉得很不自然，以至于本来是为了缓和气氛、调整心态而寒暄，却恰恰起了相反的作用。因此，掌握寒暄的艺术就显得非常重要。

◎ 寒暄的特点

寒暄用语具有以下四个特点。

① 谦恭性。听众就是上帝，这并非夸张。为了表示尊重听众，表示礼貌和谦虚，说话者往往就要借助现成的寒暄话："我水平不高，研究不够，恐怕讲不好。"诸如此类的寒暄话，表面上看是随口而出，是习惯用语，实际上起着表达讲者谦恭愿望的作用。这是寒暄话的功能。我们在讲这些话的时候，一定要在神态上也体现出自己内心的这种情感。

② 首尾性。从位置关系上看，寒暄具有首尾性的特点。事实表明，寒暄使用最频繁的还是在说话开头和结尾两处。有些人开始就说："同志们，对这个问题，我实在没有研究，大会主席一再邀请，只有硬着头皮简单讲一讲。"结束时，也要来个"我讲得不好，请大家批评指正"。

③ 同调性。从寒暄本身内容来看，它具有同调性特点。寒暄没有独特的内容和语言，往往是千篇一律，张三这样讲，李四也这样说；彼时如此讲，此时也如此讲，可谓"天涯海角，畅通无阻"，即使字句不同，但基调和内容毫无二致。但是，一个会寒暄的人，他总是要在这种同调性中追求一些新鲜的东西，使这些套话也变得富有个性。

④ 多余性。从它与说话正式内容的关系看，寒暄有多余性的特点。寒暄表面看来似乎是构成说话的一部分，然而其实质跟说话内容毫无关系，只不过是一堆多余的"废话"。但它们并不是真正的废话。它也许没有实质意义，但表达说话者的一种态度。当你了解了这一点后，就再也不会轻看寒暄了。

千万不要认为寒暄是多余的就懒得使用,即使是亲朋好友,寒暄也是非常必要的礼节。

◎ 寒暄的作用

交际往来常用的应酬套语,每每是润滑社交齿轮的油,能减少"摩擦""噪音"。请人办事,说一声"劳驾";送客临别,讲一句"慢走"。这些都能显示出你礼貌周到、谈吐文雅。擅长社交的人们,像精通交通规则一般熟谙客套。正如培根所说,得体的客套同美好的仪容一样,是永久的推荐信。

"寒暄"对社交来说尤为常用,益显重要。有的外国商店就对使用频率高的最必要的寒暄用语作了规定,要求店员能纯熟运用。顾客买好东西,店员马上会说:"谢谢您经常光顾!"顾客提出某种要求,店员会回答:"我明白您的意思了。"即使店员很快把顾客要的东西递上,也常常打招呼:"让您久等了!"如果店员一时实在忙得来不及接待,那更是连连致歉:"对不起,对不起!"不用说,这些彬彬有礼、热情洋溢的话语,一定会使顾客如沐春风,心里感觉很暖和。

同样的寒暄用语如果对同一个人或同一时间反复使用,则会让人感到僵硬、呆板甚至虚伪。因此,寒暄用语也要随机应变,避免重复。

与人寒暄，礼节不可忽视

人际交往中，不可能见面就谈正经事，谈几句天气冷暖、身体健康的应酬话也是需要的。寒暄同样也需要掌握分寸，注意场合，区分对象，用语恰当。

◎ 掌握分寸，适宜合度

这里所提出的掌握分寸，适宜合度既有量的方面的要求，同时还有质的方面的要求。所谓量的方面的要求是指寒暄语的使用不宜过度，能三言两语，决不长话一串；能够精炼，决不拖沓；虽然可以随意，但切忌漫无边际，以免令人扫兴或产生不好的印象，妨碍交往的深入进行。所谓质的要求是指寒暄过程中不能言不由衷，更不能一味吹捧夸大，特别是对仰慕敬重型寒暄的运用尤要注意，以免产生物极必反的效果，使对方感到受到讥讽或挖苦。

◎ 注重场合，谨慎用语

任何语言的使用都要注意"语境"的要求，这里所说的语境主要指语言使用的空间和时间，如在庄重的场合，寒暄也应该与环境保持一致，要热情但不失庄重；而在轻松场合下，寒暄则要本着轻松但又不流于庸俗。在日常生活中，常有由于寒暄不当而产生尴尬的情形，这在人际交往活动中要尽量避免。

◎ 考虑对象，选择措辞

交往对象不同，寒暄的选择也应有差别。在这一点上要具体考虑以下几种因素。

① 年龄的差异。一般来说如果交往双方在年龄上有明显差别，那么在寒暄的过程中，年轻者要表示敬重，而年老者则要表现出热情谦虚。

② 亲疏的界限。交往双方如果是已经非常熟悉的人，那么不妨在寒暄时更加随意轻松一些；反之若初次见面就应该显得庄重一些。

③ 性别的不同。男性与女性之间交往时，寒暄应该特别注意，不适合于女性的语言一定要避免使用，如人们过去见面，常喜欢用"你又长胖了"的话作为恭维或寒暄，但这用在女性身上是不合适的。另外，同女性寒暄时虽然不一定要故作严肃，但是谈论轻松的话题、幽默的话题要注意格调高雅，掌握分寸。

④ 文化背景的特殊性。语言具有民族性，这不仅表现在语音、语调上，还体现在语言使用的习惯和表达的文化内涵上。不同的民族、国家在寒暄这一语言环节上也有着明显的差异，如中国人在寒暄时喜欢以关切的语调询问对方的饮食起居、生活状况、工资收入、家庭情况等，但在西方国家中这些内容却是彼此交谈的禁区。同样，在中国文化环境中不适合运用的寒暄有可能在其他一些文化环境中得到认可或普遍使用，如西方的女士在听别人用"你看上去真迷人""你真是太美了"之类的语言寒暄时，她们往往会很兴奋，并且很有礼貌地作答。但在中国的年轻姑娘面前使用这样的寒暄语则往往得不到好的反馈。

常用的寒暄用语

在日常的社交活动中，常用的寒暄用语主要有以下几个方面，掌握这些寒暄用语，对社交的成功大有裨益。

初次见面说"久仰"，好久不见说"久违"。

请人评论说"指教"，求人原谅说"包涵"。

请人帮忙说"劳驾"，求给方便说"借光"。

麻烦别人说"打扰"，向人祝贺说"恭喜"。

请人改稿称"斧正"，请人指点用"赐教"。

求人解答用"请问"，赞人见解用"高见"。

看望别人用"拜访"，托人办事用"拜托"。

宾客来到用"光临"，送客出门称"慢走"。

招待远客称"洗尘"，陪伴朋友用"奉陪"。

请人勿送用"留步"，欢迎购买叫"光顾"。

与客握别称"再见"，归还原物叫"奉还"。

对方来信叫"惠书"，老人年龄叫"高寿"。

五 礼貌用语的使用

俗话说，礼多人不怪。在社交场合，应多多地使用敬语、谦语、雅语等礼貌用语。

尊重他人必须使用敬语

敬语主要指的是在人际交往活动中蕴含着的对他人表示敬重、礼让、客气等内容的语言表达方式。敬语是谈吐文雅的重要体现，是展示谈话人风度和魅力的必不可少的基本要素之一，是尊重他人并获得他人尊重的必要条件，是人际交往达到和谐融洽境界的推动因素。一般而言，敬语的类型可归结为以下几种。

◎ 问候型敬语

即人们相互问候时使用的敬语，通常有"您好""早上好""久违了"等等。问候型敬语的使用既表示尊重，显示亲切，给予友情，而且也充分体现了说话者有教养、有风度、有礼貌。

◎ 请求型敬语

请求型敬语就是在请求别人帮忙时所使用的一类敬语，这类敬语通常有"请""劳驾""请多关照""承蒙关照""拜托"等多种不同表达方式。

◎ 道谢型敬语

道谢型敬语是指当自己在得到他人帮助、支持、关照、尊敬、夸奖之后表达谢意时所使用的敬语，这类敬语最简洁、及时而有效的表达就是由衷地道一声"谢谢"。除此之外，属于这种类型的敬语还有"承蒙夸奖、不胜荣幸""承蒙提携"，等等。

◎ 致歉型敬语

在现代生活中，人际交往的层面不断扩大，人际关系的网络也日趋复杂，这使得人与人之间的摩擦时有发生。而当自己的行为对他人造成伤害或消极影响时，最平常的致歉型敬语即是"对不起""请多包涵""打扰您了""给您添麻烦了""非常抱歉"，等等。

使用敬语的注意事项

不论运用何种敬语，在表达上都要注意：敬语的使用首先要本着诚心诚意的原则，不能只是形式上的应付或敷衍塞责。其次要根据不同对象，不同场合，不同氛围灵活掌握敬语的使用，既要体现出彬彬有礼，又要不落俗套。

再者，使用敬语时还应认真、直截了当，不要含糊不清，同时还要注意对方的反应，并辅之以必要的体态语言。总之要力求通过敬语的表达使从事人际交往的人们在心里产生反响和共鸣，达到感情的进一步交流。

日常交往多用谦语和雅语

◎ 谦语

谦语亦称"谦辞"，它是与"敬语"相对，是向人表示谦恭和自谦的一种词语。谦语最常见的用法是在别人面前谦称自己和自己的亲属，例如称自己为"愚"。自谦和敬人，是一个不可分割的统一体。尽管日常生活中谦语使用不多，但其精神无处不在。只要你在日常用语中表现出你的谦虚和恳切，人们自然会尊重你。

◎ 雅语

雅语是指一些比较文雅的词语。雅语常常在一些正规的场合以及一些有长辈和女性在场的情况下，被用来替代那些比较随便，甚至粗俗的话语。多使用雅语，能体现出一个人的文化素养以及尊重他人的个人素质。

在待人接物中，要是你正在招待客人，在端茶时，你应该说："请用茶！"

如果还用点心招待，可以说："请用一些茶点。"假如你先于别人结束用餐，你应该向其他人打招呼说："请大家慢用。"雅语的使用不是机械的、固定的。只要你的言谈举止彬彬有礼，人们就会对你的个人修养留下较深的印象。只要大家注意使用雅语，必然会对形成文明、高尚的社会风气大有益处，并对我国人民整体素质的提高有所帮助。

六 善用表情语

表情语主要集中于人的脸部，是由眉、目、鼻、嘴所构成的区域所传达的信息和情感。表情语是体态语言中最富有变化性和多义性的形式。通常情况下在人际活动中使用频率较多和范围较广的表情语主要是目光语和微笑语。

目光语：以眼神传递情感

目光语，通常叫作眼神，是对眼睛的总体活动的统称。它能够最明显、最自然、最准确地展示一个人的心理活动。

人们在日常生活中借助于眼神传递出信息的举措被称为眼语。眼语的运用要注意时间、角度、部位、方式、变化等五个方面。

◎ **注视的时间**

在社会交往中，注视对方时间的长短，是十分有讲究的。通常有以下几点要记牢。

① 表示友好。向对方表示友好时，注视对方的时间约占全部相处时间的1/3左右。

② 表示重视。向对方表示关注，注视对方的时间约占全部相处时间的 2/3 左右。

③ 表示轻视。注视对方的时间不到全部相处时间的 1/3，就意味着瞧不起对方。

④ 表示敌意。注视对方的时间在全部相处时间的 2/3 以上，被视为有敌意，或有寻衅滋事的嫌疑。

⑤ 表示兴趣。注视对方的时间在全部相处时间的 2/3 以上，也可视为对对方较感兴趣。

◎ 注视的角度

注视别人时，目光的角度，即目光从眼睛里发出的方向，表示与交往对象的亲疏远近。

注视别人的常规角度有以下几个方面。

① 平视。平视也叫正视，即视线呈水平状态。常用于在普通场合与身份、地位平等的人进行交往时。

② 侧视。侧视是一种平视的特殊情况，即位于交往对象的一侧，面向并平视着对方。侧视的关键在于面向对方，否则为斜视对方，即为失礼之举。

③ 仰视。仰视即主动居于低处，抬眼向上注视他人，以表示尊重、敬畏对方之意。

④ 俯视。俯视即向下注视他人，可表示对晚辈宽容、怜爱，也可表示对他人轻慢、歧视。

◎ 注视的部位

在人际交往中，目光所到之处，就是注视的部位。一般情况下，与他人相处时，不要注视对方头顶、大腿、脚部与手部。对异性而言，通常不应注视其肩部以下，尤其是不应注视其胸部、裆部、腿部。

① 双眼。注视对方双眼，为关注型注视。表示自己聚精会神，一心一意，重视对方，但时间不要太久。

② 额头。在正规的社交活动中，注视对方额头，为公务型注视。表示严肃、认真、公事公办。

③ 眼部——唇部。注视这一区域，由于是在社交场合面对交往对象时所用的常规方法，因此，也叫社交型注视。表示礼貌、尊重对方。

④ 眼部——胸部。注视这一区域，多用于关系密切的男女之间，因此，也叫近亲密型注视。表示亲近、友善。

⑤ 眼部——裆部。它适用于注视相距较远的熟人，也表示亲近、友善，故称远亲密型注视，但不适用于关系一般的异性。

⑥ 任意部位。对他人身上的某一部位随意一瞥，为随意型注视，它也叫瞥视。可表示注意，也可表示敌意。多用于在公共场合注视陌生人，但最好慎用。

◎ 注视的方式

注视别人可以有多种方式的选择。其中，最常见的有以下几种。

① 直视。即直接地注视交往对象，表示认真、尊重，适用于各种情况。若直视他人双眼，称为对视。对视表明自己大方、坦诚，或是关注对方。

② 凝视。凝视是直视的一种特殊情况，即全神贯注地进行注视。多用于表示专注、恭敬。

③ 盯视。即目不转睛,长时间地凝视他人的某一部位,表示出神或挑衅。社交场合不宜多用。

④ 虚视。虚视是相对于凝视而言的一种直视,指的是目光游离,眼神不集中。多表示胆怯、疑虑、走神、疲乏,或是失意、无聊,社交场合不宜多用。

⑤ 扫视。即视线移来移去,注视时上下左右反复打量。表示好奇、吃惊。社交场合不可多用,尤其对异性禁用。

⑥ 睨视。又叫睥视,即斜着眼球注视。多表示怀疑、轻视,一般忌用。社交场合尤其与初相识的人交往时,更要忌用。

⑦ 眯视。即眯着眼睛注视。表示惊奇、看不清楚。因神态不大好看,所以社交场合不宜采用。

⑧ 环视。即有节奏地注视不同的人员或事物。表示认真、重视。适用于同时与多人打交道,表示自己"一视同仁"。

⑨ 他视。即与某人交往时不注视对方,反而望着别处。表示胆怯、害羞、心虚、反感、心不在焉。不宜用于社交场合。

⑩ 无视。也叫闭视,是指在人际交往中闭上双眼不看对方。表示疲惫、反感、生气、无聊或者没有兴趣,公关场合不宜多用。

微笑语:最有价值的面部表情

在世界美术史的殿堂里,名留史册的画家成百上千,传之后世的作品琳琅满目,但是堪称画坛巨人的却屈指可数,具有划时代意义的名作更是凤毛麟角。而在法国卢佛尔博物馆里,却陈列着一幅具有永恒魅力的作品,这就是达·芬奇的代表作《蒙娜丽莎》。蒙娜丽莎以其含蓄迷人的微笑,把人类的美升华到了一种光照寰宇的境界。

微笑是社交活动中最富有吸引力、最有价值的面部表情。无论是在办公室、在舞场、在谈判桌上,还是在周游世界的旅途中,只要你不吝惜微笑,恰如其分地运用微笑的魅力往往就能够左右逢源、顺心如意。

◎ 微笑语对社交活动的开展具有重要意义

首先,微笑是人际交往的重要桥梁,它能大大缩短彼此间的心理距离,促进彼此获得好感和信任。

其次,微笑有助于美化个人形象,使人更容易获得公众的认可并得到积极的评价。

再次,微笑有助于形成良好的社会氛围,使人们生活在融洽的社会环境中。

◎ 应当使用微笑语的场合

在社交活动中,微笑语被称为"世界语",即是指微笑具有非常广泛的通用性,一般人们用微笑来表示友好、愉悦、欢欣、请求,也用微笑来表示歉意、拒绝、否定。

在人际活动中,每个人都应当学会微笑,并且善于微笑。微笑常常是个人自信的表现,是心地坦诚的象征,它犹如阳光、雨露,不仅滋润着自己的心田,而且也温暖着别人的心扉。微笑是人际关系的润滑剂。在社交活动中要注意多使用微笑语。

① 在迎来送往的场合下要使用微笑语。即在迎送客人时，应该微笑着迎接，也微笑着送别，使客人产生如沐春风的感觉。另外在商业活动中，微笑也是招徕顾客，获得顾客认同的必需语言。

② 在需要拒绝的情况下使用微笑语。拒绝在社交活动中是一门高超的艺术。拒绝别人的要求可以用多种语言形式来表达，如可以通过有声语言对对方说"不"，可以通过书面语言传达否定信息，还可以通过形体动作语言转身离开以示拒绝。在拒绝别人的情况下，表情语言有着更大的适用性，它既可单独使用，用皱眉、嘴角变化或面部表情变化表示拒绝，又可以作为有声语言或形体语言的伴随语来表示拒绝。通常人们总习惯以消极的表情语表达否定的意思，但若在人际交往中用积极的表情语——微笑的方式表达拒绝会更容易使人接受，因为微笑地拒绝毕竟是一种"美丽的拒绝"。

③ 在道歉或请求的时候使用微笑语。在社交活动中，自己的行为侵犯了他人利益或没有尽职尽责地满足他人的需要的时候，常常要对别人表示歉意。但是道歉绝不只是漫不经心地向对方说声"对不起"，而需要获得对方的真正谅解，微笑地表示歉意更容易令彼此之间相互谅解。另外，在人际交往中也常常需要求得别人的帮助，微笑地求助也更容易得到别人的应允。

七 把握好空间语

任何一次社交活动，都是在一定的时间和空间进行的，在这种时空环境中，个人空间的使用是一个重要的非语言交流方式，它在一定程度上影响着交往的成败。所以，掌握空间语的礼仪要求，处理好不同情境下的空间距离，是参与社交活动的一项重要的礼仪修养。

正确地认识与把握空间语

既然空间在人际关系中表达着特定的语言内涵，那么空间处理的礼仪要求，实际上也是对空间语的正确把握和使用。

◎ 个人在实际交往活动中不能侵犯他人的空间范围

任何人在社会生活中都对空间存在着依赖性，都对个人的空间享有权利，侵犯他人的空间实际上也就是侵犯他人的人格和尊严，这既不符合人际交往的礼仪要求，也会导致人际关系的恶化。道理非常简单，国家之争常常围绕着领土范围而展开。因为空间的失去意味着国家主权和领土完整受到破坏和威胁,那么对他人的空间侵犯也必然容易使彼此关系受到破坏。

◎ **应该根据人际交往的性质、目的不同来选择和安排空间**

所谓人际交往的性质主要是指交往是在什么人之间进行,是亲属,是恋人,是商业伙伴还是一般的陌生人?所谓人际交往的目的是指交往所实现的目标,是双方消除前嫌,是彼此达成共识,是实现谈判中的妥协,还是为了达到双方私密的目的?人际交往的性质和目的可以作多方面列举,但是可以肯定的是,在一定的交际场景中,人际关系的性质和目的都是确定的,那么在空间安排上就应该服从这些性质和目的。

◎ **要观察交往对象的态度**

当与陌生人初次打交道且对他的空间距离需求不了解时,在交往或交谈过程中就要善于观察,观察对方的态度是冷还是热,他的情绪如何。如果他的态度傲慢,切记要与他保持远距离接触。在交谈中,他态度也许好转,可多动脚步以试探,假如对方不反感,原地未动,可能情况会变好。倘若谈几句话,对方保持拒人千里之外的态度,此次交往即应告结束。一般来说,这种情况是他根本不想交往而摆出的不礼貌姿势,或是那种不容易交往的人,所以要先察言观色。

还有一种人,无论什么场合,不管别人态度如何,他都很热乎,对这种过分亲热的人也要多观察然后再决定对他的交往距离接受与否。一般来说,此种人不懂得礼貌,很容易侵犯他人的空间范围,给人感觉轻浮不可信,不讨人喜欢。也许他的目的在于尽快缩短交往距离，却手段不当。如果他能灵活多变，调整其交往方式，会很快掌握他人的空间距离，从而打破交往僵局。

必须熟练地掌握并正确地运用空间语。空间语是非常繁杂的，并且容易在现实生活中被人们忽略，这就要求人们要积累经验，留心生活，仔细揣摩，认真学习，虚心求教，尽量地多掌握一些空间语，并准确地运用到生活中去，以帮助自己在社交活动中取得成功。

在社交场合中要善于观察，学会在实践中摸索总结出既适合对方，又能适合场景、适合自己的交往空间的标准。只有这样，才能应酬于各种社会活动，在人际交往中达到沟通与行礼的最高统一。

明确界域距离的礼仪规范

美国西北大学人类学教授爱德华·T·赫尔博士在研究人类对自己独有空间的需求时，同时发现了四个界域区，并在《无声的语言》中加以定义：亲热界域、个人界域、社交界域和大众界域。

明确这些界域距离的礼仪规范，对社交人士塑造良好的个人形象大有裨益。

◎ 亲热界域

一般在15厘米以内,语义为"热烈、亲密",只适宜于至爱亲朋之间或外交场合的迎宾拥抱、接吻等。而一般公关场合,保持此种距离,非但不受欢迎,甚至会因侵犯了他人空间而遭谴责和抗议。

◎ 个人界域

它的距离间隔在15~75厘米之间,语义为"亲切、友好"。这个距离为偶然相遇的人提供了隐蔽处,也是一般熟人交往的空间,在社交领域往往适用于简要会晤、促膝谈心或握手等。

◎ 社交界域

其距离间隔在75~210厘米之间,语义为"严肃、庄重"。在社交领域中,主要适宜于与用户谈生意、接见来访者、企业之间的谈判等。社交界域体现了一种较为正式的非私人交往关系,双方很少情感渗透。

◎ 大众界域

它的距离在210厘米以外,这是人们在较大的公共场合内所应保持的距离间隔,比如作报告、发表学术性演讲等。因其空间大,所以在这个界域里并无特殊的心理联系及特定的语义。在这个界域里,人们可以"视而不见",不发生任何交往。

由于文化、习俗的影响,同一界域应保持的距离也不尽相同,甚至相距悬殊。但是,界域及其相应的距离是客观要求的。因此,在交往接触之前，必须了解双方的界域习惯，恰当地加以运用，从而使交往者处于一种和谐、协调的心理氛围。

当别人"侵犯"了自己的界域时，应慎重处之，以礼相待；当自己因不慎而侵犯了别人的空间范围时，应立即表示歉意，说声"对不起""请原谅"，这样有助于缓解或消除他人的不快。

因地适宜选择空间位置

空间可以通过距离来表现，也可以通过位置来表现。人际交往中需要根据距离的不同语言含义把握彼此交往的分寸，而空间位置的不同也能表现人们之间的关系状态，不同的位置安排所表达的语言信息是不同的，产生的效果也明显不同。社交活动中，位置的选择主要有如下四种形式。

◎ 边角位置

一般来说人们在诚挚友好的交谈气氛中喜欢选择这种位置。在这种位置中，交流的双方彼此具有较大的自由，不必顾忌会侵犯对方空间，而且目光投射自由，便于观察对方的反应，也拥有比较大的使用诸如手势语等伴随语言的空间范围。

◎ 合作位置

这种位置意味着两人目的一致，地位没有什么差别或者有着共同的任务。这种位置所传递的信息是双方彼此愿意合作，意气相投，通常夫妻和亲密的朋友往往习惯于选择这种位置。

◎ 竞争、防御性位置

这种位置即是隔桌相对，非常容易形成竞争气氛，双方各持己见，桌面自然就成为防范的屏障，并且"领域"划分比较明确，因而这种位置容易使双方在心理上产生隔阂和对峙。因此在洽谈和讨论、商议性质的会晤中要尽量避免这种位置安排。

在现实生活中，位置的语言含义并非仅仅表现在上面几个方面，在不同的场景下位置的不同安排所表达的信息存在着很大差别。比如，在餐桌上最好将客人的位置安排在背向墙和屏风的地方，这样更有利于交际效果的产生。而实际上在现实生活中，人们到餐馆就餐时都喜欢坐在角落或靠墙的地方，都不喜欢坐在大厅中央的位置上，这也说明了人们更喜欢选择在不被打扰的位置上进餐。另外在同他人谈话时，不同的位置也会产生不同的效果，若两个人的座位呈三角形，这种位置搭配就可以使谈话呈现出随便不拘谨的气氛，尤其便于进行劝说性谈话。如果双方处于直接相对的位置，那么非常容易使彼此感到来自对方的压力。如果双方的座位呈现出直角位置，这就意味着压力点转移，在这种位置中，彼此适合于问询一些微妙问题。如此等等，不一而足。

莫因空间距离影响人际交往

前面讲到的四种空间距离（界域），只是公关交往的大致模式，并不是凝固的、刻板的。人际接触的具体空间距离是根据具体情况，特别是人的情感因素的变化而变化的。因此，具体的空间距离总是具有一定的伸缩性与可变性。

影响距离的伸缩与变化的主要因素可能有民族传统、性别差异、地位差异、年龄差异、性格差异、情绪差异、环境差异等因素。

◎ 民族文化传统不同，人们交往的空间意识会有差异

例如：相比较而言，中国人与日本人在相同关系中，日本人要求空间距离不要太大，而中国人则希望交往距离不要太小。同样是欧洲，丹麦、挪威等国，人们要求人际接触的距离应该稍大一些；其他许多欧洲国家的人则要求这种距离应当稍小一些。同是美洲，北美洲的人要求人际接触的距离应该大一些；南美洲人认为这种距离应近一些。

美国传播学家施拉姆曾为此举过一个例子：如果让一个拉美人同一个美国人在一个走廊上交谈，属于接触文化的拉美人会"不自觉"地向美国人靠近，而属于非接触文化的美国人，为保持他认为适度的社交距离，则会同样"不自觉"地向后退，一段时间后，我们会发现已从走廊的一端"谈"到了走廊的另一端。

◎ 性别不同，对交往需求的空间也有异

男性之间相距的空间距离比女性之间相距的空间距离要大一点。当女性与陌生男性相遇时，要求空间距离必须大一些。女性最讨厌陌生人，特别是陌生男人坐在自己的旁边，并把他们视为有意识的"侵犯者"。男性则比较反感陌生人，特别是与自己同性别的人坐在自己的对面，并把他们视为潜在的竞争者。

需要注意：互不相识、年龄相仿的男女在社交场合初识，距离宜远一些；互相熟悉并经常在一起的男女，交往的最佳距离在1.5米左右。

◎ 与领导、上级初识，我们不妨主动离他们稍微远一点

社会地位较高的人总是有意识地与其他人保持较大的社交距离，以保证自己获得足够的权威感，也让对方感受到不可轻易接近和神秘感，不要"冒犯"他们的威严与神秘。相反地，如果我们与下属、雇员等打交道时，我们应该主动离他们近一点，如果让他们体会到受尊重的感觉，那他们也一定会倍加尊重我们。

◎ 年龄差距较大对交往空间的影响

年纪较大的人与年纪较小的人相处，双方都会有缩小空间距离的愿望和要求。当我们与老师、家长、领导、长辈相处时，特别是我们希望得到他们的指教、帮助时，为了表达我们的诚恳

与迫切，我们最好站在他们的旁边，而且距离应当尽量近一些。而当我们与同龄人，特别是初次相交的同龄人之间洽谈生意、交流信息时，我们应距他们远一些，否则，可能引起对方的反感与不快。

◎ **性格对交往空间有影响**

性格外向、开朗的人容易突破空间界限，对对方的主动"侵入"也不会太反感；因此，与外向的人打交道，距离可以近些。在交谈时，你离他们越近，他们越会对你产生好感。性格内向、孤僻的人则总是严守交往界限，绝不主动缩小空间。

因此，与内向的人打交道，距离可稍微远些，不要触犯他们的防犯心理，不要"侵犯"他们的独立性。当然，有时性格内向的人也往往会产生希望别人能主动靠近他们的愿望，特别是希望他们所喜欢的人能主动靠近他们。

人的情绪是影响交往空间距离的最大的、也是最易变化的因素。在人的情绪处于极度兴奋或极度压抑等状态时，可能就会完全忽略上面所讲的各种因素，采取一种不合常规的空间界限与人交往。

◎ **环境也是制约人的空间意识的重要因素**

即使人从野外一下子进入拥挤的公共汽车里，人的空间意识也会自然地进行调整。例如：一位女士在旷野里散步，一位陌生男士如果距她两米同行，这位女士就一定会觉得紧张不安，就会产生疑虑、惊慌；但如果是在拥挤的公共汽车上，即使这位先生离他很近，她也绝不会有什么紧张感了。

CHAPTER 3

YU
GELEI
RENSHI
YOUHAO
JIAOWANG
DE
LIYI

第三章

与各类人士友好交往的礼仪

社会交往，就是与各类人士以及不同的人群打交道。礼仪的作用在其中尤为重要。一个不能遵行礼仪的人，即使亲朋好友相处也会心生介蒂，即使同乡同学相聚也会形同路人。反之，一个知礼而行礼的人，与异性来往会很快知心知己，与陌生人交流会很快拉近距离。不仅如此，礼仪会让人们消除偏见而亲密无间，增进友谊而友好往来，提升形象而广结人脉。社交礼仪，就是人际往来的"万事达"。

一　与朋友交往的礼仪

朋友亦称友人，一般是指人与人彼此之间通过相互交往而产生了深厚的情谊，并且经常保持联络的志同道合者。

一个人的朋友往往各种各样，涉及面极广。在与朋友交往时，要想维护友谊，必须不失礼仪。礼待朋友不仅是尊重朋友，也是尊重自己。

把握朋友相处的基本原则

许多人大都会这样认为：在与所有的人交往中，朋友之间的交往是最容易的。是啊，看起来，好朋友之间熟悉了解，亲密信赖，如同兄弟，还有什么话不能说的。但是，大家万万不能忽视，再好的朋友也要有点距离，也要讲究交往的分寸和礼节，否则就可能导致双方的矛盾，影响彼此的感情。

◎ 以尊重为前提

只有相互尊重的朋友关系才能长期地得以维持。对待朋友，不能强求他干不情愿的事，也不要干涉他与别人的交往。这样才能使彼此之间情投意合，相互信任。如果总是强迫对方，干涉对方的生活，只能让朋友一天天讨厌你、疏远你。再者，朋友之间再熟悉、再亲密，也不能随随便便，一点也不讲究尊重，这样，默契和平衡将被打破，友好关系将不复存在。因此，对好朋友也要客气有礼，可以不强调自己的"面子"，但不可以不给朋友面子，尊重他人是非常重要的。

◎ 用谦虚的态度接受赞美

有的人，别人夸他几句就不知天高地厚了，尤其是朋友之间，他觉得赞美是应该的，还沾沾自喜地说："我本来就这么好，你才知道呀。"这些话听起来让人感到有些别扭，也许会有人说："这人怎么这样呢，一点都不谦虚。"

其实，对于同样的话我们用不同的态度接受，那效果就大不一样了，比如得到朋友的夸奖，你不如说"没什么的，你也是一样嘛"，"这些事大家都能做到"，等等，这样就让对方感到你这人还真的不错，中国人不是讲究谦虚吗，我们何不也去试着做一下呢？

克雷洛夫的寓言很受读者欢迎，写得既多又好。

有一次，他的朋友称赞他说："你的书写得真好，一版又一版，比谁都印得多。"

克雷洛夫笑着回答说："不，不是我的书写得好，是因为我的书是给孩子看的。谁都知道孩子们是容易弄坏书的，所以印的版次就多了。"克雷洛夫谦虚的态度赢得了人们广泛的称赞。

也有人问他为什么选择野兽来写，他说："要知道，我的野兽能代表我说话。"

◎ 有来有往

坦率地说，与任何人交往都是因为彼此的需要，没有一点满足就不可能达成双方的沟通。朋友之间也一样，只是单方面的付出，不需得到回报，是不可能的，也是不现实的。

因此，我们必须把握好交往的尺度，有来有往，宁愿多付出少得到，让朋友高兴，知道你是一个厚道的人，才更愿意与你交往。朋友是比金钱、比财富更值得你珍视的东西。在友谊、情感的天空上，你不妨增加一个筹码。

这样，朋友会更加信任你，加深了彼此之间的友谊，自然而然就会使朋友更心甘情愿地帮助你，为你付出。

◎ 讲究信誉

对朋友讲信誉也是最重要的一点，没有一个人愿意他的朋友言而无信，口是心非。这样的朋友，还是不交的好。

中国人的处世为人之道，大概没有什么比诚笃守信、取信于人更为重要的了。你的一言一行，都不能去破坏这个根本。守信誉是一种可敬可佩的美德。人们常用讲信用来表达对别人的尊敬。

不管你在什么情况下，都要对自己说的话负责，尤其是对待朋友，没有信誉，你就得不到真诚的友谊。

> **Tips**
>
> 任何一个有修养的人,都要以尊重他人为前提,对待朋友也是一样,它是我们维持人际关系的最起码要求。我们的交往是建立在有来有往的基础之上的,单方面的付出不可能长久保持下去,所以我们要对朋友讲究礼仪,懂得付出,学会付出。

和朋友要保持经常性的联系

社会交往中,人与人之间需要经常互通信息、互相交流,才能保持良好的关系。朋友之间,甚至刚认识的朋友,更要抽出时间常常联系。

人们初识时,一般而言交际中进展速度跟接触的频率成正比。也就是说,如果你跟某位刚认识的人刚开始时总是有机会接触的话,双方之间的关系很快就会变近,形成比较亲密的朋友关系。道理很简单,就是因为常常见面、常常接触,彼此很快就认识了,了解了。但时间长了,如果彼此不再来往,那么就会生疏,所以保持适当的联系,无疑会有个好人缘。

要保持良好的人缘,你必须跟你现有的人际关系网中的各个成员保持经常联系。有空给远在异地的朋友打打电话，通通信，询问一下对方近来的工作、学习情况，介绍一下自己的情况，互相交流一下，这是很有必要的，这点时间绝对不能节省。碰上朋友的人生大事，如果有空最好尽量参加，如果实在脱不开身，最好也能写信或托人带点什么，不然，怎么算得上朋友。

对方有困难的时候，更应加强联系，许多人总是喜欢向朋友汇报自己的喜事，而对一些困难却不好意思开口，去掉这些顾虑，就向良好人缘迈出了一步。

当听到朋友家有人生病或遇上不幸的事，应马上想办法去看看。平日尽管因工作忙或学习任务重没有很多时间来往，但朋友有困难鼎力相助或打声招呼，才显出相互间的深厚情谊来。"患难朋友才是真朋友"，关键时刻拉人一把，别人会铭记在心。

与朋友常常保持联系对我们自己也会有许多好处，和朋友经常联系、谈心，一旦你碰上什么事情，如找工作、找对象等听听朋友的意见，或者找他们帮忙，对你会有直接或间接的帮助。如果平时没有联系，困难时找上门去，别人是不会帮忙的。

人是感情动物。朋友间只有经常沟通、交流，才能显出互相之间的关心和支持。因此，不论朋友远在千里外，还是近在眼前，都有经常联系的必要。

能容忍朋友性格上的"毛病"

现实生活中,不乏性格孤僻或任性怪异之人。他们感情内向,整日郁郁寡欢,焦躁烦恼,心境阴沉,缺乏生活乐趣。同这些人打交道可不那么容易,你得掌握一些诀窍。

◎ 包容性格孤僻的朋友

心理学认为,性格是一个人表现的对现实的稳定态度和相应习惯行为方式上的特征。一棵参天大树,找不出两片完全相同的叶子;同样,世界上也找不出两个性格完全相同的人。要找出性格孤僻、怪异的原因,以便"对症下药",采取合适的措施。

不管性情孤僻者的孤僻出于什么原因,我们与之相处,都应予以温暖和体贴,让他们通过友谊体会人间的温暖和生活的乐趣。因此,在学习、工作、生活的细节上,我们要多为他们做一些实实在在的事,尤其是当他们碰到自身难以克服的困难时,更应挺身而出,用友谊的阳光,化解他们心中的冰霜。

性格孤僻者,一般不爱说话,有时候,尽管他们对某一事情特别关心,也不愿主动开口。这样就难以交流思想感情,所以我们与他们谈话时,就要主动,要善于选择话题,只要谈话题目能切合他们的兴趣,他们肯定会开口加入的。

与性格孤僻者相处还要特别小心、谨慎,因为他们往往喜欢抓住谈话中的枝节进行联想和胡乱猜疑，一句非常普通的话，有时也会引起他们不高兴，并铭刻于心，以致产生深刻的心理隔阂，但这种隔膜，他们又不愿直接表露，而只是以一种微妙的形式加以反映，使别人不易察觉。

当我们与性格孤僻者有了初步交往后，我们可多带领他们参加一些文娱活动，多去交际场合，促使他们从孤独的小圈子中解脱出来，投入社会的怀抱。在活动内容和形式上，可多选择一些轻松愉快的主题，这样会使他们丢下心理包袱。

◎ 包容任性的朋友

我们的朋友群中，也很难没有任性的人。任性就是放任，想说什么就说什么，想做什么就做什么，对别人不屑一顾。大家一块儿出去玩，原来想坐公共汽车，一看公共汽车较挤，大家都愿意骑车去，但任性者非得坚持坐车去，结果大家意见不统一，闹得个不欢而散。

有些任性者，你批评他，他反而不服气，认为那是他的个性表现，还是我行我素。人活着是要有个性，但也并不完全排斥社会性，而是某种程度上的统一，个性强等于任性，任性说到底是个人主义的表现，只坚持自己的要求不听别人的意见，这样的人很难与人相处得好。

对任性者，最基本的还是要学会谅解谦让。既然知道对方有这种性格，不如先敬而远之，避其锋芒，只要不是什么原则上的问题，稍微迁就宽容一下又有何妨。也许，有时候，沉默是最好的语言。

每个人都有缺点和不足之处，倘若不能宽容他人的弱点和缺点，人与人之间就无法正常交往，宽容不会失去什么，相反，却会以此得人心。

掌握好拒绝朋友的艺术

对朋友要讲究礼仪，对朋友的求助要量力而行，不符合原则的要求应掌握好拒绝的艺术。

讲究灵活、巧妙地婉拒朋友违反原则的请求，很重要的一点是委婉含蓄，切忌过于直白，否则会让朋友觉得自己很没面子。

◎ 委婉地拒绝

在朋友提出的要求或请求违反了你的处世原则时，你不要给予他强烈的批评，也不应该直接地回绝他，要以一种聪明的做法使对方知难而退，这样既不伤朋友间的和气，也不违反自己的为人处世原则。

美国总统弗兰克林·罗斯福在就任总统之前，曾在海军部担任要职。

有一次,他的一位好朋友向他打听海军在加勒比海一个小岛上建立游艇基地的计划。罗斯福神秘地向四周看了看,压低声音问道:"你能保密吗?"

"当然能。"

"那么,"罗斯福微笑地看着他,"那么,我也能。"

他的朋友明白了罗斯福的意思,不再打听了。

这个朋友仍然和罗斯福交往着,感情也并没有减淡,因为他很清楚罗斯福做事一向是很有原则的。

罗斯福死后多年,他的这个朋友还能愉快地谈及这段总统轶事。

弗兰克林·罗斯福采用的是委婉含蓄的拒绝,其语言具有轻松幽默的情趣,表现了罗斯福高超的交际艺术,在朋友面前既坚持了不能泄密的原则立场,又没有使朋友陷入难堪,取得了极好的语言交际效果。相反,如果罗斯福表情严肃,义正辞严地加以拒绝,甚至心怀疑虑,认真盘问对方为什么打听这个、有什么目的、受谁指使,岂不是小题大做,有煞风景,其结果必然是两人之间的友情出现裂痕甚至危机。

◎ 转换话题,说服朋友

有朋友求你办事时,如果是你不能去做的事,你不要当即就回绝他,这样会使你的朋友感觉你不够意思,会使你们的感情出现裂痕。要用明智的方法去说服朋友,转换话题,顾左右而言他,先分散他的注意力,从而也会使你的朋友通过冷静的思考,最终领悟到如何用正确的方法去处理自己的事情。

处理好朋友之间的麻烦

朋友之间也难免会出现一些"麻烦",如争吵、意见不合、经济纠纷,等等。如处理不好,就会造成情断义绝,甚至反目相向;处理得及时妥善,就会尽释前嫌,和好如初。所以,及时妥善处理是最重要的。

◎ 与朋友发生争论时要求同存异,感情照旧

在交谈中,你的观点难免会与朋友的看法不合,这时正确的态度应该是"求同存异"。马克思和恩格斯争论问题就是这样。当时法国科学家比·特雷莫写了一本书,马克思认为"很好",恩格斯却认为"没有任何价值"。通过一场理论之后,马克思终于接受了恩格斯的看法;而对另外一些问题,则持保留态度。这样,求同存异避免了因争执过于激烈而伤害彼此的感情,也是朋友间相互尊重的体现。

观点不是义气,观点可以争辩,义气是容不得争辩的。所以,与朋友发生歧见时,观点上疏离了,感情上却不能疏离。

① 继续保持忠诚和信任。你不要因为双方曾存在歧见而诋毁朋

友，看不起他。必要的时候，你甚至在某些场合还要维护一下朋友的威信。

② 保持尊重对方。不要固执地认为你是对的而他是错的，如果你持百分之百正确的态度，即使对方确实错了，他也会感觉你对他不够尊重，而产生逆反心理。"错了又怎么着？"这是他很自然的反应。

当你眼看着一场激烈的争执一触即发时，就应尽量使双方的歧见处在一个"冷冻"的状态，让时间和事实来证明是谁正确，而不要刻意较真，非分个输赢不可。

◎ 与朋友发生经济纠纷时要协商解决，适当让步

一般而言，最好与朋友在经济上少些交往，比如向朋友借钱，当还不了或不按约定时间还款时，肯定会影响今后的长期交往。有的人可能认为朋友应该"同甘苦、共患难"，把钱放在一起花也没什么。也许在刚开始的时候，你会觉得自己和他像一家人一般，但时间长了，这样做的弊端便会显露出来，各种琐碎小事也随之层出不穷：比如你要为自己配副眼镜需要500元，朋友不同意；朋友想在下礼拜回家时给他妈妈买一件大衣，你认为没有那个必要……于是，最终，你们只有不欢而散。

对一些本来就是通过经济往来业务而建立的朋友关系，更难免不出现经济纠纷。不过，在处理纠纷时，你一定要慎之又慎。

① 搞清楚纠纷的原因。要把产生纠纷的原因弄清楚，是朋友误

会了还是自己弄错了。"亲兄弟，明算账"，要把经济往来的账目全部向朋友交代清楚，让他相信你并没有隐瞒什么。

② 按约定或合同办事。因为这是事先商定好的依据，坚持按此来解决纠纷，谁都不会有意见。

③ 共商解决办法。朋友之间的纠纷，如果双方坦诚相待，找到一致的解决办法还是有可能的。所谓"朋友好商量"，只要你们之间不存在欺诈、恶意使坏，大度一些，适当让步，问题和麻烦终会解决的。

诚心为自己做错的事道歉

即使再好的朋友，偶尔也会"拌嘴"的。为了一点小事，或为了某个意见分歧而争论起来，这是常有的事，这时要注意处理的方法，否则，很可能会产生危机。

如果因为某事和朋友吵了架，要尽快地向对方道歉，这是解决的最好办法，这种情况下，不要再计较谁是谁非，因为有些事情，谁是谁非是很难分清的。这种时候，也不要太顾全面子。如果你真心实意地道歉了，一般对方也会痛痛快快地承认起自己的不对来："不，我也不对。"

真心实意地认错、道歉，不必再推托其辞，寻找客观原因，作过多辩解。即使的确有非解释不可的原因，也必须在诚恳道歉之后再解释，不应该一开始就为自己申辩。否则这种道歉不但不会弥合裂痕，反而会加深你们之间的隔阂。

诚心的道歉，还应该语气温和，坦诚而不谦卑，以友好的目光凝视对方，并多用"对不起""请多包涵""得罪了""打扰了"等礼貌用语。道歉的语言要简洁，简单明了地表明自己的态度，如果对方表示谅解时，可表示感谢，切忌啰唆、重复。

当对方正处在气头上，什么话都听不进去时，首先要通过第三人转达歉意，当对方"风平浪静"时，再当面道歉；如果僵持下去，常常会两败俱伤。

如果觉得道歉的话一时实在难以说出口，也可以用别的方式代替，如买个小礼物，附上一封简短的道歉信托人带过去，见面时，和对方握握手，用眼光传达一下歉意也能收到微妙的效果。

道歉不要拖延时间，扭扭捏捏、拖拖拉拉只会让对方因为与你有一道裂痕而疏远你，甚至会导致对方跟你绝交。

要给对方时间，感情波动比较大时对方往往要经过一段时间才能重新冷静下来，如果你请人原谅没有被当场接受，稍后再过去表达你的内疚与不安。

我们知道马克思与恩格斯之间的伟大友谊，却很少有人知道马克思、恩格斯在交往中也曾经产生过"疙瘩"；而马克思向恩格斯的道歉方法也堪为我们效仿。

恩格斯的夫人玛丽·白恩士因病逝世。恩格斯怀着极其悲痛的心情，写信通知马克思。马克思当时正处于严重的家庭经济危机中,他在回信中除了开头的"关于玛丽的噩耗,使我感到极为意外,也极为震惊"外,没有表现出恩格斯所期待的那样的同情与安慰,反而大念自己的苦经。恩格斯读完信,又气愤又伤心,几天后给马克思写了封信:

"你自然明白,这次我自己的不幸和你对此冷冰冰的态度,使我完全不可能早些给你回信。

"我的一切朋友,包括相识的庸人在内,在这种使我极其悲痛的时刻对我表示的同情和友谊,都超出了我的预料,而你却认为这正是表现你那冷静的思维方式的卓越性的时刻,那就悉听尊便吧!"

马克思收到这封措辞严厉的信后,心里像压了一块大石头那样沉重,眼看20年的友谊发生裂痕,他深深感到自己写的那封信是大错特错,而现在又不是马上能解释清楚的时候。过了10天,他估计朋友已"冷静"下来了,就写信认错,解释情况,表明心迹:

"在给你回信以前,我想还是稍微等一等为好。一方面是你的情况,另一方面是我的情况,都妨碍我们'冷静地'考虑问题。

"从我这方面来说,给你写那封信是个大错,信一发出我就后悔了。而这绝不是出于冷酷无情。我的妻子和孩子都可以作证:我收到你的那封信(清晨收到的)时极其震惊,就像我最亲近的一个人去世一样。而到晚上给你写信的时候,则是处于完全绝望的状态之中。"

恩格斯接到这封信,气就消了,心头的疙瘩解开了,他立刻深情地写信告诉马克思:

"……你最近的这封信已经把前一封信所留下的印象消除了,而且我感到高兴的是,我没有在失去玛丽的同时再失去自己的最老的和最好的朋友。"

就这样,两位伟大人物的一次小小隔膜,就在相互开诚布公、坦率地交换意见之下清除了。

有时候,对许多人来说,做到承认错误已是一件很痛苦的事,但要获得友谊,光认错还不够,你还必须迅速及时地、真诚坦然地向别人道歉。

二 与同乡、同学交往的礼仪

同乡又叫乡亲、老乡，它所指的是籍贯相同之人。同乡关系，是地缘关系中的重要一种。从社交礼仪的角度上讲，处理同乡关系，主要应该注意既要发展乡谊，又要正常交往。

同学，即在同一个学校学习，或者是师从于同一位教师的人。在求学之际，处理好同学之间的相互关系，不仅有助于学业的完成，而且还有可能为日后的生活与事业提供种种的便利。

以乡谊为纽带发展乡情

我国地域辽阔，出生在不同地区的人，在生活习惯、日常风俗方面往往多有不同。相对而言，同乡之人进行交往，由于出生地相似，文化背景相近，口音完全相同，往往会使彼此之间天然上存在一种亲切之感，因此双方非常容易建立联络，并保持关系。

◎ 重视乡谊

所谓乡谊指的就是人们因为同乡关系而建立起来的一种特殊的

友谊。在现实生活中，每个人都有自己的故乡，因而自然而然也少不了同乡，离不开乡谊。对于同乡之谊，理当予以重视。

"床前明月光，疑是地上霜，举头望明月，低头思故乡。"这首千古绝唱，将一个远离家乡、怀念家乡的游子心情描绘得淋漓尽致。

要重视乡谊，首先就要厚待自己的同乡。对于早已是旧识的同乡，要保持联系，多多关怀。

对于初次交往的同乡，或上门相认的同乡，亦须热情相待，主动关照。不要不愿相认，尤其是不要对对方摆架子。

◎ 重在乡谊

同乡之间进行应酬，无疑应当有一个侧重点。在一般情况下，同乡之间的交往，必须将其重点放在建立乡谊、巩固乡谊之上。这就是所谓重在乡谊。同乡交往，提倡交流信息，密切关系，相互帮助。但是，同乡关系既然是建立在乡情的基础之上，那么其交往中心，就应当有意识地放在怀念家乡、支援家乡、共建家乡之上。

◎ 正常交往

同处理其他方面的人际关系一样，要想妥善地处理自己的同乡关系，最为行之有效的良方，就是要使之正常化，而不能以任何理由去为之搞特殊化。要使同乡关系正常化，实际上就是要求在同乡之间进行正常的交往。

就一般情况而言，在同乡之间要进行正常的交往，重要的是要注意下列三点。

① 多作接触。同乡之间，但凡具备条件，便要争取多联络，多

交往。在不打扰对方的前提之下，能够勤于走动，保持接触。只有彼此之间的接触增多了，才能加深了解，增进同乡之谊。

② 善待于人。与同乡相交，需要有宽待之心，同时还要具有能够容人的气量。对于同乡，在交往的具体过程之中，既要注重同乡之谊，更要讲究善待于人。而绝对不能以任何借口忽略这一点。

③ 寻求合作。同乡交往，往往有天然的亲近之感，而且也比较容易找到更多的共同语言。这一"人之常情"，实际上为同乡之间的合作在客观上提供了可能。同乡之间假如建立了某种形式的合作关系，又可以进一步地促进双方的同乡之谊。

要与一个久离家乡的老乡处好关系，有一种特有效的方式就是：运用你的语言技巧。与老乡谈起家乡的话题，以此来触动他的思乡情绪，达到共鸣，从而使老乡之间的关系更进一层。

处理同学关系时必须遵守的准则

大千世界，茫茫人海，既为同学，实是缘分。虽相处时间仅有几年，但同学的友情与关系值得珍惜，并应当持续下去。当你与同学分开后，如果还能保持一种情感联系，那是自己一生的人际资源，对你将来所要达到的目的与理想都会大有帮助。尤其是在办事中，其所起的作用也许是你从未想到的。

学习期间，同学们往往会朝夕相处，时时与共。有的时候，不仅要与同学们一同学习，而且还要和同学们一同生活。在这种情况下，一定要处理好同学关系。

◎ 团结友爱

对出门在外，远离家人的学生而言，"在家靠父母，在校靠同学"。与同学们交往，一定要注意谦虚谨慎，戒骄戒躁，保持风度。与此同时，要主动关心同学，体贴同学，爱护同学，团结同学。

◎ 热爱集体

学生生活，在很大程度上来说是一种集体生活。对于集体，要关心、爱护、支持，并且要坚持个人服从于集体，事事以集体利益为重，反对"我"字当头，个人至上，对集体漠不关心，麻木不仁。

◎ 共同进步

与同学相处，要相互鼓励，公平竞争，刻苦学习，共同提高。不论是学习还是生活，都要与同学彼此支持，相互鞭策，携手并进。

保持联系才能密切同窗感情

同学、同乡之间往来,密切的是感情,增进的是友谊。不要做目光短浅的人,与老同学、同乡往来聚会不甚热情,分开之后不相往来。这样,当你遇到事情时再来找同学、同乡帮忙时,他们当然会不念旧情加以拒绝了。

当今的社会也是人际关系的社会,人际交往广泛与否,是一个人能否在事业上成功的关键因素。而在这种关系中,同学和同乡关系应该是比较重要的两类关系。因为当年身为学生、同乡之时,大家都比较单纯,友情非常纯洁,而分开之后只要还彼此保持着联络,就会十分怀念那份纯纯的友谊。因此,分开后的同学、同乡常常会借这样那样的活动彼此联系,只有参加这样的活动,加深同学、同乡之间的感情,在你托同学、同乡办事时同学才会爽快地答应,积极地去办。

现代社会中,在同学、同乡关系上,有些人处理不当,在相聚时漠然处之,分开后互不来往,"你走你的阳关道,我过我的独木桥",直到遇到困难时才想起同学、同乡,那就为时晚矣!不过,随着人类社会的进步,人类认识的提高,大家也加深了对各种人际关系的认识。许多人在与同学、同乡分开之后,还经常保持着联系,或成立一个组织机构——同学会或同乡会,这实在是一种十分有见地的方法。一年一小会,十年一大会,大家虽已不常见面,但关系愈聚愈坚、愈聚愈惜，彼此相互照应，"一方有难，八方支援"。这正是中国所特有的人际关系，它说明了同学、同乡关系已越入了一个更高的层次，不受时间所限，不受空间所限，只要有"聚"，那份关系、那份情将取之不尽，用之不竭！

同学、同乡之间，应保持联系。

一般来说，当我们初识一群人时，交际中进展速度跟接触的频率成正比。也就是说，如果你与一位刚认识的朋友在一开始总有机会接触的话，你们的关系很快就会变近，形成比较亲密的群体。道理很简单，为什么你会跟你同办公室的同事、同班的同学很快形成亲密关系，而跟其他同事或同学关系就远一层了呢？就是因为你们常常见面，常常接触，彼此很快就认识了，了解了。人与人之间需要经常互通信息，互相交流，才能保持良好的关系。

因此，要保持良好的同窗、同乡友谊，你必须跟你现有的同学、同乡们保持经常联系。有空给远在异地的同学、同乡们打打电话，通通信，询问一下对方近来的工作、学习情况，介绍一下自己的情况，互相交流一下，这是很有必要的，这点时间绝对不能节省。碰上同学、同乡们的人生大事，如果有空最好尽量参加，如果实在脱不开身，最好也得写信或托人带点什么，不然，怎么算得上同窗、同乡情谊。

对方有困难的时候，更应加强联系，许多人总是喜欢向同学汇报自己的喜事，而对一些困难却不好意思开口，应去掉这些顾虑。

而当听到同学、同乡家有人生病或遇上不幸的事，应马上想办法去看看。平日尽管因工作忙、学习任务重没有很多时间来往，但朋友有困难鼎力相助或打声招呼，才显出你们间的深厚情谊来。"患难朋友才是真朋友"，关键时刻拉人一把，别人会铭记在心。

同学、同乡间交际的一个重要原则是通过多次见面和接触来加深相互关系。原则上要求和对方直接接触，只要有见面的机会，就应该积极和对方接触。遇到到某地旅游，可以去找找当地认识的同学、同乡，遇到去同学、同乡公司附近的地方出差的机会时，最好去见见对方，加深双方之间的关系，哪怕只有五分钟。除了运用这种直接接近对方的方法外，有时利用书信结交等方法也能起到出乎意料的效果。

Tips

　　人都是有感情的，而感情来自交流。获得和巩固感情的唯一方法，在于平时多加强联系，经常聚会就是加强联系、加深感情的一种方法。所以，同学、同乡之间在平时交往中也需要多作"感情投资"。

三 与陌生人交往的礼仪

不要忽视结交陌生人,因为这世界真的很小。今日或许不曾相识,明日或许就成了你人生和事业上的"树阴"。

结交陌生人要注意礼仪规则

朋友是人生的一笔财富,会对我们未来的生活产生奇妙的影响。因此,我们在结交新的朋友时,应当遵循以下几项规则。

◎ **主动接近对方**

"山不转水转,路不转人转。"人与人总有相遇的时候,有的人行色匆匆,过路人悄然而去;有的人回首注目,陌生人变成了朋友。为什么会出现这样的结局,关键在于你是否主动。哪怕只是道一声"早安",或者是问一句"有什么要帮忙的吗",陌生人之间的距离都会拉近。一回生,两回熟,三次四次就成了朋友。主动接近别人就是这么好,就是这么简单。

◎ 把你想象成对方

如果你能以对方的立场来想对方的心情,并且尽量客观,那么你将可以感受到他的需求,并且尽可能在你的能力范围之内满足这些需求。如果他在某些方面很敏感,你可以避免令他感到难堪或不安。如果他是个值得交往的朋友,他将会对你的仁慈十分感激,而且也将回报你,以他自己的方式回报你。

◎ 接受对方的独特个性

人人都有其特点,尤其坦诚相处时,更能表现出这种特点。不要试图改变这个事实。别人是别人,不是你。接受他的本来面目,他也会尊重你的本来面目。想要强迫别人接受你的观念,这是十分严重的错误。如果你采取这种霸道的做法,你将会得到一位敌人,而不是一位新朋友。

◎ 尽力满足对方的需求

这是一个激烈竞争的世界,人们往往只想到自己的需要,而不会想到别人。尽力摆脱这种情况,并且多多替别人着想,那你将成为一个受人珍重的朋友。

这是一些如何交新朋友的最聪明的忠告,如果你能有效地应用这几项原则,你将获得珍贵的友谊。

如果想结交新朋友,首先要让自己成为自己的朋友,如果你看不起自己,也将无法尊敬别人,而且将对别人充满妒忌。其他人也将察觉到你的友谊并不纯净,因此将不会回报你的友谊。他们可能会同情你,但怜悯并不是友谊长久的基础。

以敬酒结识宴会上的朋友

在社交中,参加宴会是经常性的事。在宴会上,通过祝酒、敬酒结交朋友,是非常好的一种方式。中国人讲究热闹,通过祝酒,可以使人们找到共同的话题,谈论大家都感兴趣的事。这样,互相之间便容易增加了解,促进感情。

那么如何敬酒祝酒呢?首先要想好祝酒词,其次要找德高望重和地位相对较高的人敬酒,最后要提议大家共同举杯。这样,气氛自然会热闹起来。当然,与人吃饭祝酒时还应注意下列事项。

◎ **对长辈或者地位较高的人,应该主动站起来敬酒**

敬酒时,要说一些带敬仰性的话,并祝对方健康长寿或事业兴旺、工作顺利等。切忌坐在那儿敬酒,或只为了喝酒而敬酒。

◎ 不要勉强对方干杯

因为各人酒量不一样，有人能喝酒，有人则不胜酒力。所以，敬酒主要是表达一种敬意，而不是以酒代情，喝的多才表示感情深。因此，要切忌那种低层次的习惯和礼俗。

◎ 待主人敬酒后才敬酒

如果你不是宴会的主人，则应等主人祝酒后才开始向自己希望结交的人敬酒。但是，在敬酒过程中，除了向自己希望结交的人敬酒外，也不应冷落了其他人。这样，你才会给大家都留下好感，而不至于被人看作是势利的人。

◎ 祝酒过程务必要短

如果你是贵宾而且主人已为你祝酒，你要回敬主人。可以紧接着主人的祝酒回敬，也可以在吃甜食的时候回敬，注意过程要短。不要敲打酒杯子来吸引别人的注意力，那是没有教养的表现。即使喝的不是白酒，也可以祝酒，杯子里是什么内容并不重要，重要的是你的心意。祝酒可以不针对一个人，可以向来做客的全家祝酒，也可以向全体人员祝酒。

总之，在宴会上，通过祝酒、敬酒，不仅可以表现你自己，而且可以获得更多朋友，千万不要错过这种良好的时机。

攀亲拉故使陌生变得熟悉

攀亲结交的技巧并不复杂，首先应当在与人初次见面时，运用各种方法拉近与对方的感情距离。感情拉近了，陌生自然会变得渐渐熟悉起来。

俗话说："美不美，家乡水；亲不亲，故乡人。"如果你与对方是同乡关系，用"攀亲拉故"的方法加深彼此间的关系，会给你的拜访抹上一层浓郁而亲切的乡情。

故乡，无论是富庶还是贫穷，都给人一种特有的情感。那里有童年的梦幻，慈母的恩情；那里有父老的希望，兄弟的纯真……

大钢琴家肖邦说，他出国时携带来的唯一贵重物品是家乡的泥土；海外游子不远万里，跋山涉水，也要归国探亲访友，有的千古后还要落叶归根……人们对故乡怀有特殊的亲切感。拜访中的攀亲拉故，就是用这种美好的情感，去创造有利于达到目的的心理环境。

异域一日相逢，便胜却往日无数。在客地他乡，遇到一位"本是同根生"的故人，多么令人激动。"你是中国人？""是啊！"熟悉的乡音，将两位素不相识的炎黄子孙联系在一起。

科·阿基诺总统访问我国时，首先抵达的不是北京，而是沿着中国血统的菲律宾人当年曾经走过的足迹，直奔祖籍福建省龙海县鸿渐村。在那里，拜访叔叔、祭祀祖宗，与乡亲攀谈。她深情地说："我来中国不仅是为了国事，也是为个人家事,因为我既是一国首脑,在某种意义上来说又是这个村庄的女儿。"女儿回娘家,娘家自然待以百倍的热情。科·阿基诺的重访故里,为其成功访问北京,拉近了感情距离。

攀亲拉故,在一定场合和情景下,可使陌生变得熟悉,疏远变得亲近,冷淡变得亲热,拒绝变成悦纳,阻挠变成支持。善于攀亲拉故的人,容易与人产生共鸣,容易找到共同语言,也更容易得到帮助,它与互话家常同样起着缩短心理距离的作用。

与对方攀亲拉故要懂得利用寒暄,它是人们之间尤其陌生人见面时的必要中介,能为人们搬走产生阻隔的山峦。寒暄,更为分秒力争者赢得必要的准备时间,积聚进攻或防守的力量,为拜访双方驱走冬日的余寒。因此,寒暄并不是使人"寒",而是给人"暖"。

采访陈景润的湖北籍记者就深谙此理。他与数学家的夫人由昆寒暄的第一句话是:"听说你是我们湖北人,怎么普通话说得这么好啊?"(拉故中含赞扬,一举两得,更具魅力)由昆喜悦地回答:"是吗?我跟湖北人还是讲湖北话的!"于是,双方都沉浸在"老乡"相识的愉快之中,话语自然多起来,气氛也轻松得多,这正是采访者所需要的。

倘若语言生硬,由昆女士保持缄默,采访者怎么可能了解科学家的家庭生活呢?

亲者,近也;故者,旧也。亲与故,往往给人一种美好的回忆和情绪体验。心理学家认为,一个人对同一事物在不同地点很可能产生不同的情感,而环境影响往往是制约情感和情绪的重要因素。攀亲拉故,正是在不同环境里选择了相同的"亲""故"之景,自然也就缩短了你和对方的心理距离。这也是一种与陌生人交往的艺术。

和陌生人交往有特别招法

与陌生人交往须掌握一定的技巧,这些技巧,虽很简单,但在与陌生人的交往中往往能产生特别的效果,迅速拉近双方的距离。

◎ 制造自然接近对方身体的机会

每个人对自己身体四周的地方,都会有一种势力范围的感觉,而这种靠近身体的势力范围内,通常只能允许亲近之人接近。如果允许别人进入你的身体四周一定范围中,就会有种已经承认和对方有亲近关系的错觉,这一点对任何人来说都是相同的。

某杂志中刊登过这么一则标题,就是"手放在你肩膀,我们已是情侣"。的确,本来一对陌生的男女,只要能把手放在对方的肩膀上,心理的距离就会一下子缩短,有时瞬间就成为情侣的关系。推销员就常用这种方法,他们经常一边谈话,一边很自然地移动位置,挨到顾客身旁。

因此,只要你想与交往的对象及早建立亲密关系,就应制造出自然接近对方身体的机会。

◎ 对初次见面的人，最好坐在对方旁边的位置

每个人都有同感，就是和初次见面的人对面谈话，真是一件不好受的事。这是因为两人的视线极易相遇，而导致两人之间的紧张感增加。

一位富豪曾经谈起，如果有他不愿意借给钱的人向他借钱，他就会和他面对面交谈。因为这样谈话会使对方紧张而不敢乱开口，即使借给了他也不敢不还，而相反借钱不还的，都是坐旁边位置谈话的人。

与人交谈时坐在对方旁边的位置，自然就会轻松下来，这是因为不必一直接触到对方的视线，而只在必要时看他的视线即可。通常，比较重要的见面，都会为了使对方不紧张，并且令对方说出真心话而使用了各种办法，其中之一就是在室内放一盆花，使能有一个让他转移视线的对象。另外，就是坐在对方旁边的位置与之交谈，对亲近感的增加很有帮助。

◎ 见面时间长不如见面次数多

在人际关系方面，使对方产生亲近感，也就是给予对方好印象的基本条件。而要满足这项条件，利用"分散效果"，可说是给对方强烈印象的最好方法了。

一般而言，整夜在一起喝酒的朋友，和有长时间交往的朋友相比，乍看之下好像前者的人际关系较稳固，但实际上，这种关系如不加以持续，那么两者之间的交情就会愈来愈淡，这一点是显而易见的。譬如有人问你："你和某人的关系如何？"而你回答"我见过一次"和"偶尔会见面"，那么给人的印象就不同了，而"常见"这个回答就更不同了。道理显而易见。见面的次数和两人之间的亲近度是成正比的。

YAOQING、
BAIFANG
YU
DAIKE
DE
LIYI

第四章

邀请、
拜访与待客的礼仪

在社会交往中，邀约他人、登门拜访与接待来客，都是最常用的活动形式，也是最讲究礼节、礼仪的交际过程。邀请或被邀时，无论是口头还是书面形式，都应理由得体，方式自然。登门拜访时，更要注意时机恰当，诚恳预约、准时赴约、讲究礼节。接待来客时，要热情周到尽显主人之礼。总之，要以真诚的态度、恰当的方式、礼貌的交往和文明规范的举止，赢得客人的好感，就必须遵循相应的礼仪之道。

一 邀请他人的礼仪

01

邀请他人的多种形式

在一般情况下，邀约有正式与非正式之分。正式的邀约，既讲究礼仪，又要设法使被邀请者备忘，故此它多采用书面的形式，非正式的邀约，通常是以口头形式来表现的，相对而言，它要显得随便一些。

正式的邀约，有请柬邀约、书信邀约、传真邀约、电报邀约、便条邀约等具体形式，它适用于正式的交往中。非正式的邀约，也有当面邀约、托人邀约以及打电话邀约等不同的形式。它多适用于非正式的接触之中。前者可统称为书面邀约，后者则可称为口头邀约。

在正式邀约的诸形式之中，档次最高，也最为各界人士所常用的当属请柬邀约。

◎ 请柬礼仪

请柬又称请帖，它一般由正文与封套两部分。不管是上街购买印刷好的成品，还是自行制作，在格式与行文上，都应当遵守成规。

请柬正文的用纸，大都比较考究。它多用厚纸对折而成。以横式请柬为例，对折后的左面外侧多为封面，右面内侧则为正文的行文之处。封面通常讲究采用红色，并标有"请柬"二字。请柬内侧，可以同为红色，或采用其他颜色，不可用黄色与黑色。在请柬上亲笔书写正文时，应采用钢笔或毛笔，并选择黑色、蓝色的墨水。红色、紫色、绿色、黄色以及其他颜色鲜艳的墨水，则不宜采用。

在请柬的行文中，通常必须包括活动形式、活动时间、活动地点、活动要求、联络方式以及邀请人等项内容。

在请柬的左下方注有"备忘"二字，意在提醒被邀请者届时勿忘。在国际上，这是一种习惯的做法。西方人在注明"备忘"时，通常使用都是同一个意思的法文缩写"P.M."。

被邀请者的姓名没有在正文中出现，则是因为姓名一般已在封套上写明白了。要是"不厌其烦"地在正文中再写一次，也是可以的。在正文中，"请柬"二字可以有，也可以没有。

在对外交往中使用的请柬，应采用英文书写。在行文中，全部字母均应大写，应不分段，不用标点符号，并采用第三人称。这是其习惯做法。

在请柬的封套上，被邀请者的姓名要写清楚，写端正。这是为了对对方示敬，也是为了确保它被准时送达。

◎ 书信邀约

以书信为形式对他人发出的邀请，叫作书信邀约。比之于请柬邀约，书信邀约显得要随便一些，故此它多用于熟人之间。

用来邀请他人的书信，内容自当以邀约为主，但其措辞不必过于拘束。它的基本要求是，言简意赅，说明问题，同时又不失友好之意。可能的话，它应当打印，并由邀请人亲笔签名。比较正规一些的邀请信，有时也叫邀请书或邀请函。

在装帖与款式方面，邀请信均不必过于考究。其封套的写作，与书信基本上相同。

◎ 传真邀约

指的是利用传真机发出传真的形式，对被邀请者所进行的一种邀约。在具体格式、文字方面，其做法与书信邀约大同小异。但是由于它利用了现代化的通信设备，因而传递更为迅速，并且不易丢失。此外，还有一种电子邮件邀约，其做法基本与传真相似。

◎ 便条邀约

即将邀约写在便条纸上，然后留交或请人带给被邀请者。在书面邀约诸形式之中，它显得最为随便。然而因其如此，反而往往会使被邀请者感到亲切、自然。

便条邀请的内容，是有什么事写什么事，写清楚为止。它所选用的纸张，应干净、整洁为好。依照常规，用以邀约他人的便条不管是留交还是带交对方，均应装入信封之中，一同送交。

在一般情况下，不论以何种书面形式邀约他人，均须提前发出。过晚可能因种种原因造成误送；过早又可能被对方遗忘。通常，它应当在一周之前送达对方手中，以便对方有所准备。

应邀与婉拒同样不可失礼

当接到亲朋好友的邀请时，应该注意以下内容。

除了面邀和电邀之外，对柬帖邀请一般都应即刻回函或用电话回复，表示自己很高兴应邀出席，或因故无奈只能谢辞。以免主人不知道被邀方到时能不能赴约而浪费精力和财力。

应邀赴会要遵守请柬上写明的时间，既不能太早，更不可迟到。到达主人寓所后，应先和主人打招呼、握手，然后和其他宾客点头致意。对后来的客人，不管相识与否，都应该笑脸相迎、点头致意和握手寒暄。对长辈老人的到来，更要主动起立相迎，让座问安。对女客应举止庄重、彬彬有礼，不要主动握手，应先等对方伸出手来。对小孩则宜问名询岁，多加爱抚。总之，应邀参加亲友举办的聚会，要做到仪态端庄、遵守时间、讲究文明礼貌。

在社交中，各界人士不管接到来自任何单位、任何个人的书面邀约，都必须及时地、正确地进行处理。自己不论能不能接受对方的邀约，均须按照礼仪的规范，对邀请者待之以礼，给予明确、合"礼"的回答：或者应邀，或者婉拒。

所有的回函，不管是接受函还是拒绝函，均须在接到书面邀约之后三日之内回复，而且回得越早越好。

在回函的行文中，应当对邀请者尊重、友好，并且应当对能否接受邀约这一关键性问题，作出明确的答复，切勿避实就虚，让人觉得"难解其中味"。如果拒绝，则讲明理由。

对于邀约上的书面规定的赴约要求，被邀请者在原则上都应当接受，并且"照章办事"。

二 登门拜访的礼仪

拜访是社交活动中的一种重要形式，也是人际交往的重要手段之一。古有"无辞不相接，无礼不相见"之说，社会发展到今天，拜访的礼仪内容更加丰富多样化。无论是到办公室拜访他人，还是到私宅拜访，虽然看似简单，但只有懂得有关礼仪，才能使自己与被访者之间交流更加和谐，沟通更加顺畅。

诚恳预约，免做不速之客

预约是指拜访前向对方提出拜访的恳请，以征得对方的同意。通过预约可以使拜访顺理成章，免做不速之客。

◎ 预约前的准备

作为拜访者在提出预约前应把拜访的具体时间、地点、目的等问题考虑详细周到。

① 时间的选择。这是对方是否接受拜访的首要条件。若是公务拜访应选择对方上班的时间；若是私人拜访，应以不妨碍对方休息为

原则，尽量避免在吃饭时间、午休时间，或者是在晚上10点钟之后登门。

② 地点的选择。地点的选择有三个：一是办公室；二是家里；三是公共娱乐场所。这要视拜访的具体目的而定。

③ 拜访的目的。拜访的目的要具体。如果对方拒绝拜访，要委婉地问对方何时有时间，何种情况下可以拜访。如遇对方确实忙，分不开身，则说："没关系，以后再联系。"

◎ 预约的方式

无论哪种类型的拜访，预约的方式都可采用电话预约、当面预约或书信预约。

无论何种形式的预约，都要用客气的、商量的或恳求的口吻，而不能用命令的口气要求对方，以免引起不快。

准时赴约，守时而不爽约

当拜访者的预约得到肯定的答复之后，就要做认真的赴约准备。赴约准备充分与否，直接影响到拜访目的的实现。一般情况下，赴约的准备包括以下几方面的内容。

◎ 服饰仪表要得体

如果是正式的拜访，穿着一定要整齐大方、干净整洁，要和自己的职业、年龄相称。如果是朋友之间的拜访，则不必太讲究，但要整洁大方，同时还应注意仪表的修饰。

◎ 内容材料要详细

拜访者在拜访前一定要根据拜访的内容，把材料准备充分。以免措手不及，东拉西扯，浪费时间，达不到拜访目的。

◎ 交通路线要具体

作为拜访者一定要对拜访的地点有所了解，特别是对自己首次去的地方，要提前了解一下交通路线，以免耽误时间。

◎ 准时赴约

爽约很难让人产生信赖感。因此，赴约一定要守时。如果确实由于特殊原因而不能按时赴约，一定要想办法通知对方，并诚恳地说明爽约的原因，并表示歉意。

礼貌登门，礼仪程序勿忘

当拜访者到达被拜访者的门口时，首先要整理一下自己的衣服、发型，并把鞋擦净，然后按门铃或叩门求进，这表示拜访者对主人的尊重。按门铃或叩门时要注意力度和节奏，不可用力太大、时间太长，更忌用力敲打或用脚踹门。

到达时如主人的门开着，也不可贸然进入，仍要按铃、叩门或叫一声，等主人发出"请进"的邀请之后方可进入。

进门之后要轻轻地把门关上，并且礼貌地询问主人是否要换鞋。夏天进屋后再热，也不应脱掉衬衫、长裤；冬天进屋再冷也应脱下帽子，有时还应脱下大衣和围巾，并切忌说冷，以免引起主人误会。雨天携有雨具拜访时，进屋前就应向主人征询雨具该放在什么地方。

进门后，首先要和拜访对象握手、问好。

如果有老人、儿童或其他客人在场亦应主动与他们打招呼，对老人可恭敬地问"老人家好"或"您老好"，对其他客人应简单地说声"您好"。

拜访时要注意举止文明

◎ 喝茶要文明

当主人上茶水时,应欠身双手相接,并致谢。如茶水太烫,应等其自然晾凉了再喝;必要时也可将杯盖揭开;放置杯盖时,盖口一定要朝上。切忌将茶水用嘴边吹边喝,喝茶时应慢慢品饮,不要一饮而尽,也不要啜出声响。

◎ 吸烟要文明

主人递烟时,如果你不会抽,也应致谢,要说"谢谢,我不会抽"。如果主人没有递烟,而自己又特别想抽时,应征得主人同意,说"对不起,我可以抽烟吗?"待主人说"请"或"可以",你道完谢之后再抽。抽烟时,应将烟灰弹入烟灰缸内;如没有烟灰缸,应自己主动用一张小纸卷成一个小筒,将烟灰弹入,待出门时扔进垃圾箱里,千万不可将烟灰随处乱弹。吸烟时不可四处走动,即使在公众场合也是如此。吸烟过程中,主人招呼你进入餐厅、会议室、娱乐室等场所时,应立即将烟灭掉。烟头一定要掐灭后再放进烟灰缸里,不可让它在烟灰缸里自行熄灭。

◎ 言谈要文明

无论是到办公室还是到家中拜访,一定要"客听主安排"。虽然不是"不可多说一句话,不可多走一步路",但也应放弃一些自由,应充分体谅主人。例如:主人没有邀请你参观他们的其他房间或设施时,不应主动提出参观;更不能未经主人许可就到处乱窜,特别是到人家里访问时更应注意这一点。

如果是第一次登门拜访或主人的会客厅、门面等刚经过装修,就应对主人的办公室或客厅等有一个概括性的夸赞。如果接待你的是女主人,一定不要忘了对女主人的勤劳、贤惠、持家、审美力、雅兴等方面给以适当的较高的评价。

做客时言语要适当

在拜访的交谈中,拜访者须语言适度,表达准确,不夸大其词,亦不要过于谦卑。特别是在一些政治性拜访中一定要做到:能够做到的事情要大胆地说,而且要充满自信;做不到的事情不要信口开河,要以实相告;眼前暂时做不到的但通过努力可以做到的事情要留有余地,恰如其分地说。

对于亲朋之间的拜访,在谈话中不要随意谈主人不愿提及的其他话题,不要和主人谈及其他人的隐私,不要当着主人的面批评自己的孩子或夫人(先生)。

适时、礼貌地告辞

拜访的时间不宜过长,当宾主双方都已谈完该谈的事情,叙完该叙的情谊之后就立及时起身告辞。

遇到以下这几种情况,也应及时告辞:一是双方话不投机,或当你谈话时,主人反应冷淡,甚至不愿搭理时;二是主人虽显"认真",但反复看自己的手表或看墙上的挂钟时;三是主人将双肘抬起,双手支于椅子的扶手时。

告辞的礼仪要求如下。

◎ 讲究告辞时机

告辞也是拜访的重要礼节,切忌别人正在讲话或者别人的话刚讲完,就马上提出告辞。这样会被认为不礼貌,或对别人讲话感到不耐烦,对别人不重视。最好是自己讲一段带有告别之意的话之后;或者是在双方对话告一段落,新的话题没有开始之前提出告辞;或者被拜访者有了新的客人而自己又不认识时提出告辞。

◎ 要注意辞谢

告辞时对于主人尤其是女主人的热情招待,千万不要忘记感谢,即便是简单的一句"多谢您的盛情招待""给您添麻烦了",也是一种起码的礼貌。

三 接待客人的礼仪

主人送你出门时，应劝主人留步并主动伸手与之握别。然后看好门外第一个拐弯处，当走到该处时，一定要再回头看看主人是不是还在目送。

待客顾名思义，是一种接待来访者的行为。待客时也有许多约定俗成的礼仪规范，恰到好处的待客方式，可以使拜访者感到温暖、自如。相反，稍有疏忽不敬，则可能使多年建立起来的友谊毁于一旦。其中最主要的是：热情、服务周到、注重礼节。

亲切迎客，注重仪表细节

◎ 注重仪表

一般认为待客时主人的仪表与其对客人的尊重程度呈正比。事先知道有客人要来，主人不一定要衣冠楚楚、西装革履，但蓬头垢面、不修边幅，却是对客人的不敬。穿睡衣、内衣接待客人是不礼貌的，尤其是接待异性客人，此类着装更是礼仪的禁忌。如果客人突然来访，没来得及更衣，应让客人在客厅稍候，在其他房间换好衣服再来待客。当然，主人的待客着装不必完全簇新笔挺，女主人更不必珠光宝气、浓妆艳抹，那样待客时，往往失去亲切感，主人的待客着装只要适宜得体就好。

◎ 清洁居室

客人预约来访，主人应提前整理房间，使客人到来后有舒适整洁之感。否则客人到来时，满屋零乱、灰尘处处，这对客人而言是不礼貌的。如遇客人突然来访，也应把书桌上的报刊、孩子的玩具等物品稍事收拾，并向客人表示歉意。

◎ 提前迎候

对比较重要的客人，主人应到楼下或电梯口迎接。如果在家中静候，客人叫门时主人应立即亲自开门迎接。已经约好的拜访，届时主人不在是非常失礼的。对远道而来的客人应更加周到招待，尽心照顾。需到机场、码头、车站去迎接的客人，应在航班、轮船、火车、汽车到达之前去接，不应让客人到达后等待。对特别尊贵的客人，已婚者最好夫妇一同去迎接。

热情待客，尽显主人之礼

◎ 见面寒暄

客人到达时主人应向客人表示问候，并主动伸手与客人相握。如来客是一对夫妇，主客之间的相互问候顺序是：首先由两位女士互相问候，其次是两位男士互相问候。客人进屋后主人应把客人介绍给家人或其他客人，随后安排座椅，请客人就座。一般情况下主人应把最好的位置让给客人坐。客人落座后，主人再去拿水果、茶水招待来客，天气炎热可递上冷饮。主人只把客人让进房间就转身离开是失礼的。

◎ 待客的举止

在陪客人交谈时不要反复地进出房间，中途有急事需要外出或接电话，应向客人讲明并表示歉意。与客人交谈时应神情专注，不要心不在焉、频频看表或打哈欠，更不要明确表示不耐烦，这无疑是在下逐客令。客人在场时不要当面训斥甚至打骂孩子，这会使客人内心不安甚至感到难堪。在办公室待客，不能一边工作一边与客人交谈，更不能把客人放在一边而与同事谈天说地。无论在什么场合待客，都不应主人坐着而让客人站着与之交谈。

◎ 客人的用餐

如果主人准备让客人在家中用餐，应在客人到达之前就作好充分准备，不要在客人到达后为用餐而久候。把客人留在客厅，主人到厨房忙碌也是不适宜的。久不见面的朋友来访，应挽留其在家中吃饭，即使是一般客人，到了用餐时间也应邀请其与家人共同用餐。客人来时正赶上吃饭，主人应邀请其与家人共同用餐，如客人确已吃饭，主人也应放下碗筷陪客，如客人请主人吃完饭再谈，主人则应尽量缩短让客人等候的时间。

如客人需要留宿，应尽量让客人单住一室。所住房间冬天应有取暖设备，夏天应有电扇或冷气，房间和床上用品都应整洁干净。

◎ 善待不速之客

当客人不期而至时，不要流露埋怨情绪，使客人进退两难。一般情况下不论事务多么繁杂，心绪多么不佳，都应热情接待。在不失礼仪的情况下，酌情对待不速之客。当客人临门时，正碰上自己要出门办事，且事情重要，应向来客说明情况，并约定时间再次会面。如客人是远道而来，可让其先进室内等候，办完事后马上返回。对于实在不想接待的不速之客，可以适当的方式回绝，切忌冷语伤害，可以说"真不凑巧，我正准备外出办事""我今天很忙，请您改天再来"等。

向客人敬烟不可随意

◎ 注意询问

主人在向客人敬烟前应先询问客人是否吸烟，当客人表示不吸或此时不想吸时，就不要强行递上。在客人不吸烟的情况下，主人如果实在想吸，应征得客人的同意，尤其客人是女士时，更不能忽视这一环节。

◎ 敬烟的顺序

敬烟的顺序一般情况下要先宾后主，在主宾关系比较熟悉的情况下，主人敬烟不必过于讲究，可以先从临近自己座位的左右敬起。如客人是初次来访或明显年长、位高，应先向其敬烟。

◎ 敬烟的方法

主人敬烟不应把烟从烟盒中亲自取出来递给客人，正确的做法是将烟从烟盒中移出半截，按顺序将烟盒递向客人，由客人从烟盒中抽取。在递烟时主人要注意自己的手不应触及香烟的烟嘴，待客人都取了香烟后主人再取火为客人一一点上。

向客人奉茶要讲究茶道

无论是在家里还是在办公室,接待来访者茶水都是必备的。有客来访,待之以茶。虽然物美价廉,却表现出一种文化,所以马虎不得。在电视连续剧《宰相刘罗锅》里有这样一个情节,刘罗锅寻鸡来到郑板桥先生家,郑板桥根据对刘罗锅了解的不断深入,对刘罗锅的接待经历了"坐""请坐""请上坐","茶""泡茶""泡好茶"的不同阶段,刘罗锅笑称"板桥先生家客分三等啊"。可见,让座、奉茶内含着待客的礼仪,反映着主人的修养,也反映着主人对客人的敬重程度。

◎ 泡茶的用具要干净

茶具干净无破损是奉茶的基本礼仪要求。用不洁净或有磕碰痕迹的茶具给客人泡茶是不礼貌的。在家里待客一般用茶壶泡茶为宜,既干净又保温,茶壶的材质以陶质或瓷质的为好,茶杯不宜过大,闽台人把用大杯喝茶视为牛饮。在办公室接待客人最好用一次性口杯。

每次客人到来,都应从茶叶桶中取茶叶为客人泡茶,把已经泡过的剩茶续上水再端给客人是失礼的。

◎ 奉茶的姿势要正确

奉茶给客人必须站立,身体前倾,双手将茶杯捧着递向客人,其中右手端杯左手随杯向前。一般茶杯不要从客人正面端上,而应从客人的右后侧递送为宜。泡茶倒水的动作要轻柔，杯中水斟七八分满即可。续水时应将茶杯从桌上拿起，以免把水洒在桌上或弄湿客人衣衫。

◎ 奉茶的时机和顺序

奉茶一般应在客人落座后还未开始正式交谈之前。特别是在商务洽谈、重要会议等正式场合，如果宾主的交谈已步入正题才端上茶来，往往会打断谈话，分散注意力，干扰活动正常进行。奉茶的顺序是先宾后主，先主宾后其他宾客，先年长者后年轻者，先女宾后男宾。

喝茶的礼仪

无论客人还是主人，喝茶都要小口品尝，不宜大口饮用，尤其不能发出"咕咚咕咚"的声音。对漂浮在水上边的茶叶，可用杯盖拂去或轻轻用口吹开，切不可用手指捞取，更不可将其喝到嘴里再吐出来扔在茶几或地上，当然在他人目光之下把茶叶吃到肚子中也是不雅的。

我国旧时有以再三请客人喝茶作为提示客人告辞的做法，因此，只要无意让客人离开，主人最好不要再三请客人喝茶。

礼貌送客，莫因失礼生嫌

客人提出告辞，主人一般应表示挽留。因为有的客人辞行的目的不是真的想走，而是顾虑久留会影响主人休息或做事，才以告辞试探，对这样的客人急于送客是不礼貌的。对确实要走的客人，主人也不宜强留。送客应注意以下礼仪。

◎ 起身相送

客人辞行主人要起身相送，客人道别后主人坐着不动或只点头示意是不礼貌的。主人起身应在客人之后，客人刚说过辞行，主人就立刻站起相送也是不礼貌的。

◎ 相送的程度

对于一般客人，主人只需送客出门即符合礼仪。如果客人是自己驱车前来，主人应把客人送至车前，等车开动后与其挥手道别。对远道而来的客人，特别是长者，辞行时主人最好送至车站、码头或机场，并应等车开、船启、机飞后再转身告辞。如主人因事不能久等，应向客人说明理由并表示歉意。

◎ 送客禁忌

送客出门不应主动与客人握手，否则有盼客人快走之嫌。客人出门后关门要轻，否则客人会以为主人对自己的造访不甚欢迎。

CHAPTER

5

ZENGSHOU
LIPIN
YU
SONGHUA
DE
LIYI

第五章
赠受礼品与送花的礼仪

礼尚往来，是中国传承已久的人际交往礼仪。在与亲朋好友的交往中，送上礼物，通常是一种表达情感、增进亲情友谊的习惯方式。虽然送礼或是送花，即是送人情，送友谊，然而不了解其中的礼仪规范或许会适得其反。只有遵循送礼的礼仪之道，才能让对方欣然接受。如果送礼、受礼与送花、受花之时，不知其礼，不解其意，时机不当，方式不妥，都会引起不必要的误会甚至被拒绝。只有懂得借礼传情的艺术，才能做到礼送知礼者，花送有情人。

一 馈赠礼品的礼仪

馈赠与接受礼品，是人际交往之中的一种表达友情、敬重感激的常用形式，其目的在于沟通感情和保持联系。所以这不仅是一种交际形式，更重要的是表明了双方的人品和诚意。礼尚往来，已成为社会交往活动中的一项重要内容。在那知礼守礼的往来中，我们可以体味到人情缔结的心声，友好往来的欢乐。但应注意，赠受礼品时切忌因方法不当，时机不对，礼品不妥而事与愿违，导致人情未结，芥蒂又生。

礼尚往来，温情有"礼"

礼物是一种友情的表示，中国古人很早就懂得"投之以桃，报之以李"的交往礼仪和习俗。亲朋好友，出游返乡捎回些特产纪念品，表明大家心中惦念着对方。逢年过节，喜庆良辰，相互赠送敬贺礼品，表现的是彼此间的一番情意，这在生活交际中是很有必要的。赋予真情的一件礼物，包含的是一种诚挚的感情交流，是发自内心的赠予，是物化的友谊。

交往之道，送礼是最能表现人情、寄寓感情、增加友情的方式。但送礼还需学礼、知礼，时机不当，方式不妥，都会使送礼流俗甚至被拒绝。馈赠礼品一定要会送、巧送，才有情义，才有意义。

送礼即是送"情"，礼轻作用大。

在交往礼节的范畴里，送礼就是最能表现人情的方式。逢年过节送给长辈、老师、上司一份礼物，恭贺他们节日愉快，对方必定欣然接受，并会在内心称赞你的有"礼"；朋友结婚、生子，备上一份礼，并附上几句祝贺之词，必给对方带来无比的温馨，在感念你的体贴周到之余，彼此友谊也会因而增进；至于自己的伴侣，他（她）的生日或属于你俩的纪念日，一份别出心裁的礼物，尤其能使爱情加深。

由此可见，送礼在社交中不可避免，恰当的礼物可成为人际沟通的催化剂。希腊哲人苏格拉底说："最有希望的成功者，并不是才干出众的人，而是那些知道善用方法去发掘开拓的人。"要想与人和谐相处、事业成功，"礼"就是最有效的利器之一。如果你能巧于施"礼"，则已经迈向成功的大道。

一份礼即可收到如此多的回馈，又怎能轻视它的力量。而礼在某些时候更起到了非常重要的作用。当你有了困难、介入纠纷或工作无着，需要有力人士调解、帮忙时，一份礼往往可化解很多的困难。在商场上，懂得送礼的人，公共关系必然极为良好，可想而知，他必生意兴隆、财源滚滚。至于一般人想要促成某事，虽然要靠自身的努力，但要是有"礼"来推波，则可助长其成，捷足先登。

总之，"礼"的魅力很难抗拒。

> **Tips**
>
> 送礼虽然表面上是"施",实际上却是"受"。因为亲朋好友都接受了你的情意,你在他们的心目中已投下了"富有人情味"的印象。有人情味的人,必然受到人们的欢迎。

送礼也有约定俗成的规矩

送礼是一门艺术,有着约定俗成的规矩,送给谁、送什么、怎么送都很有奥妙,绝不能瞎送、胡送、滥送。根据古今中外一些成功的送礼经验和失败的教训,起码我们应该注意以下几个方面。

◎ 礼物轻重得当

一般讲,礼物太轻,又意义不大,很容易让人误解为瞧不起他,尤其是对关系不算亲密的人更是如此,而且如果礼太轻而想求别人办的事难度较大,成功的可能几乎为零。但是,礼物太贵重,又会使接受礼物的人有受贿之嫌,特别是对上级、同事更应注意。除了某些爱占便宜又胆子特大的人之外,一般人很可能婉言谢绝,或即使收下,也会付钱,要不就日后必定设法还礼,这样岂不是强迫人家消费吗?如果对方拒收,你钱已花出,留着无用,便会生出许多烦恼，就像平常人们常说的"花钱找罪受"，何苦呢。因此，礼物的轻重选择以对方能够愉快接受为尺度。

◎ 送礼间隔适宜

送礼的时间间隔也很有讲究，过于频繁或间隔过长都不合适。送礼者可能手头宽裕，或求助心切，便时常大包小包地送上门去，有人以为这样大方，一定可以博得别人的好感，细想起来，其实不然。因为你以这样的频率送礼目的性太强。另外，礼尚往来，人家还必须还情于你。一般来说，以选择重要节日、喜庆、寿诞送礼为宜，送礼的既不显得突兀虚套，受礼的收着也心安理得，两全其美。

◎ 了解风俗禁忌

送礼前应了解受礼人的身份、爱好、民族习惯，免得送礼送出麻烦来。

有个人去医院看望病人，带去一袋苹果以示慰问，哪知引出了麻烦，正巧那位病人是上海人，上海人叫"苹果"跟"病故"二字发音相同。送去苹果岂不是咒人家病故，由于送礼人不了解情况，弄得不欢而散。

鉴于此，送礼时，一定要考虑周全，以免节外生枝。例如，不要送钟，因为"钟"与"终"谐音，让人觉得不吉利；对文化素养高的知识分子，你送去一幅蹩脚的书画就很没趣；给伊斯兰教徒送去有猪的形象作装饰图案的礼品，可能会让人轰出来。

◎ 礼品要有意义

礼物是感情的载体。任何礼物都表示送礼人的特有心意，或酬谢、或求人、或联络感情等。所以，你选择的礼品必须与你的心意相符，并使受礼者觉得你的礼物非同寻常，备感珍贵。一般来说，赠送礼品有三种具体方式可供选择：一是邮寄赠送的礼品，一般要附一份礼笺，在礼笺上既要署名，又要用规范的语句说明赠送礼品的缘由。二是托人赠送，即委托第三者代替自己将礼品送达受赠对象。三是当面赠送，是一种最为常见的赠送礼品的形式。其好处是，可以在赠送礼品时随机应变，或畅叙情义，或介绍礼品的寓意，或演示礼品的用法，有助于充分发挥赠礼的作用。

最好的礼品应该是根据对方兴趣爱好选择的，富有意义、耐人寻味、品质不凡却不显山露水的礼品。因此，选择礼物时要考虑它的思想性、艺术性、趣味性、纪念性等多方面的因素，力求别出心裁，不落俗套。

寻找最佳的送礼理由

如今商品社会，"利"和"礼"是连在一起的，往往是"利""礼"

相关，先"礼"后"利"。有"礼"才有"利"，这已经成了社会交际的一般规则。在这方面道理不难懂，难就难在操作上，你送礼的功夫是否到家，不显山露水，却能够打动对方的心。

社交送礼其实已成了一种艺术和技巧，从时间、地点一直到选择礼品，都是一件很费人心思的事情。很多大公司在电脑里有专门的储存，对一些主要关系公司、关系人物的身份、地位以及爱好、生日都有记录，逢年过节，或者什么合适的日子，总有例行或专门的送礼，巩固和发展自己的关系网，确立和巩固自己的商业地位。

送礼最头疼的事，莫过于对方不愿接受或严词拒绝，或婉言推却，或事后回礼，都令送礼者十分尴尬，赔了夫人又折兵，真够惨的。那么，怎样才能防患于未然，一送中的呢？关键在于借口找得好不好，送礼的说道圆不圆，你的聪明才智应该多用在这个方面。送礼通常有以下方法。

◎ 借花献佛

如果你送土特产品，可以说是老家来人捎来的，分一些给对方尝尝鲜，东西不多，自己又没花钱，不是特意买的，请他收下。一般来说受礼者那种因害怕你目的性太强的拒礼心态，可望缓和，会收下你的礼物。

◎ 暗渡陈仓

如果你送的是酒一类的东西，不妨假借说是别人送你两瓶酒，来和对方对饮共酌，这样喝一瓶送一瓶，礼送了，关系也近了，还不露痕迹，岂不妙哉。

◎ 借马引路

有时你想送礼给人而对方却又与你八竿子拉不上关系，你不妨选送礼者的生诞婚日，邀上几位熟人同去送礼祝贺，那样受礼者便不好拒收了，当事后知道这个主意是你出的时，必然改变对你的看法。借助大家的力量达到送礼联谊的目的，实为上策。

◎ 移花接木

张先生有事要托刘先生去办，想送点礼物疏通一下，又怕刘先生拒绝，驳了自己的面子。张先生的太太与刘先生的女朋友很熟，张先生便用起了夫人外交，让夫人带着礼物去拜访，一举成功，礼也收了，事也办了，两全其美。

看来有时直接出击不如迂回运动能收奇效。

送礼一定要送有所值

自古"宝剑赠英雄，红粉送佳人"，送人礼物必须确知能令对方感到满意，才能肯定该份礼物的价值。

中国人凡事讲求中庸之道，过与不及都不恰当，送礼也是如此。只要礼品价格符合常理，礼物内容也适合受礼者的身份地位，自然就"礼"所当然送有所"值"了。

如果将一双崭新的溜冰鞋送给发白齿摇的老翁；买一只贵重的瑞士手表，赠予初次见面的朋友；或者送内向保守型的教授一辆山地自行车……这些不恰当的东西，都只会得到反效果。何况，男女老少有所分别，个人的爱好也不可能放之四海而皆准，购买前必须仔细考虑，才能为受礼人带来无比的温馨。

一般来说，过年过节送给长辈、上司、老师的礼物以符合时节的东西为最稳当，如，熏肉腊味、水果、糕饼、烟酒等。同辈的朋友、同事间，则比较不受拘束，可送应时物品，也可送对方欣赏或实用的物品。晚辈或小孩，则适宜选购年轻人喜好的用品或糖果、玩具。

至于上司对下属，或一般的司机、保姆、报童、送货员、服务员、大厦管理员等服务性质的人，逢年节庆，可以用奖金代替物品，或是奖金之外再加一份小礼物，以酬谢他们的辛勤工作，则更会受到欢迎。

长辈过寿，最常见的是送蛋糕、寿桃、寿面、猪脚，如果经济许可，送上好的衣料、保暖的晨袍、防滑的浴鞋甚至舒适的摇椅，凡是他们需要的，都是合宜的礼物。上司、老师、同事、朋友过生日，蛋糕是最普通的礼物，但年年送蛋糕也太缺乏新意，可选择一些较富趣味或有意义的礼物，如烟斗、打火机、高级酒、名画或其复制品、几罐好茶、几本好书，甚至笔砚、图章均可。晚辈的生日则以书籍、画册、文具、CD唱片等较为适合。

结婚是人生大事，交情深厚的亲朋好友肯定要送一份厚礼才显得够意思。当然所谓厚礼并没有一定标准，以你的能力范围所作的最大支出即可算是厚礼。结婚时最需要家具和生活用品，如电冰箱、电视机、洗衣机、沙发、桌椅等，价格太高的物品可与人合送，如果结婚当事人什么东西都已经有了，则一份厚厚的礼金将是最适合的礼物。至于泛泛之交，在去喝喜酒时，照一般行情送份礼金或与礼金数目相当的礼物就可以了，比如咖啡杯壶、茶具、艺术灯、床单、床罩、毛毯等两人均可使用的物品。

生孩子是人生另一宗大事，不论亲疏都可赠送小孩衣服或玩具，如果关系特别亲密，可送小孩项链、戒指或长命百岁之类的金锁片。礼物虽是送给小孩，但实际上是获得大人的欢心。

其他如乔迁、升职、出国、毕业，则没有特定的礼物，一般来说乔迁可送家庭用品，出国、毕业可送纪念品。

如果实在想不出应送什么礼物给人，可以先到街上逛逛，最好到礼品专卖店去参观一番，有时会有意想不到的收获。重要的是，一个人若是花下心思为送礼的对象选择礼物，必然可以收到良好的效果。

别出心裁的礼品最受欢迎

中国人喜欢说："千里送鹅毛，礼轻情意重。"所以，一份厚礼，不见得受人欢迎；一份薄礼，也不见得没有诚意。只要送得具有特殊意义，即可以受到特别的珍爱和欢迎。

送礼并不难，难的是选择什么作为礼品送出。一般礼物总离不开吃、穿、用、娱四类物品，大多数人所能想到的你再去送人，常常会差强人意。只有那些别出心裁、独具匠心的礼品才会真正受到欢迎。

比如说生日送礼,大家一味地送蛋糕,结果寿星常为如何解决三五个大小不等的蛋糕伤透脑筋,最后往往拜托邻居吃完了事,这样的生日贺礼只是带来麻烦而并非喜悦。所以最好打听一下别人送什么,相互间不重复为最妙;能送富有创意的礼物则属更妙。譬如以寿星名义赈灾济贫,意义即非常重大,或致赠一年的杂志,或送一株冬青树,都算别出心裁。

一位有心人在朋友出国时,送了一把泥土给他。一把泥土表面上不值一文钱,但其中所含的叮嘱深意,送礼人无需直言,对方即可明白。这是一般人想不到的别致之礼。

送礼有时也不必限于年节或特殊日子,拥有一份巧思,则随时可送。比如某人逛街时,看到一双古意盎然的砚台,联想到毛笔字写得不错的上司,便买了下来。第二天即以不卑不亢的态度说:"昨天我逛古董店,看到这方砚台,您一定会喜欢,所以买来送给您!"如此细心殷勤,不用说,日后上司对他必另眼相看。

又如你出国回来,送一枚卵石给喜爱收藏小玩意儿的朋友,并附一便条:"这是我在希腊海边捡到的,知道你会喜欢,所以带它飞过一万八千里,使它物得其主。"对方当然喜之不禁,逢人便夸,此后你来我往,也自然格外密切。

送人的礼品一定要有精美的包装。没有包装的礼品是失礼的,受礼者会有被轻视感。美观的包装,有时会比礼物本身更给人美的印象。而对礼品的精心包装,又能进一步显现出馈赠的情谊。

按"需"送礼，能使效果凸现

礼物是感情沟通的信使，是传达友谊的媒介。但有时，一件礼物，即使你饱含深情，煞费苦心，千挑万选，但对方却毫不需要，这样的礼品照样毫无意义，从而失去应有的价值。

我们在选择礼品时，要根据他人的需要来挑选礼物，同时也要千方百计地将自己的情感心理通过特定的礼品表现出来。这样，当对方在接受礼品时，就会被送礼人的一片深情厚谊所感动。这即是所谓的以物见情，以情感人。只有做到这点，才能使我们的送礼行为高尚、文雅、亲切、真诚。

纽约的金融家华特生还是银行职员时，有一次他的上司要他尽快准备好一个人的资料，而那个人是一家公司的总经理，华特生就去拜访他。当他被引进总经理办公室之后，一位年轻的秘书从门口探头告诉经理她今天没有邮票给他儿子，总经理向华特生解释说："我在替我十二岁的儿子收集邮票。"之后，华特生向总经理述说他的来意并向他请教了一些问题。但是华特生看出，从头到尾那经理都在含糊而笼统地敷衍他，摆出一副根本不想谈论这个问题的样子，因此这次会晤很快就结束了，而且毫无结果。

在回去的路上，华特生闷闷不乐地思考着如何解决这件事情，他突然想起那经理的秘书所讲的话，什么邮票，十二岁大的孩子……同时他又想到他们银行国外部也在做邮票收集的工作，那些邮票正是来自世界各地，于是华特生心生一计，顿时喜上眉梢。

第二天下午华特生又去拜访那位经理，到达之后，华特生请经理秘书传话给他，告诉经理这次他还有一些邮票要给他的孩子。

这时情形完全变了，那经理很快自己跑出来，他热情地握着华特生的手，仿佛是要竞选国会议员一样，面带笑容而且容光焕发。当他欣赏完邮票的时候，口里还不断地说："我的乔治一定会喜欢这张的！这可是一张珍品，哦！"华特生与他花了半个小时谈邮票与他儿子的事，之后他足足花了一个多小时的时间提供华特生所需要的资料，他把所知道的全部告诉了华特生，并且害怕有所遗漏，还把他的属下叫进来询问一番，甚至给他同事打电话询问一些细节，他给了华特生许多实证、数据、报告以及文件。这一趟，华特生满载而归，他得到的，是一条"独家新闻"。

几张小小的邮票，就使经理前后判若两人。所以送礼一定要明白这个道理：只有选择对方急需的物品为礼品，才能得到受礼人的欢欣与回报。

> **Tips**
>
> 当面赠送礼品时，应神态自然、举止大方。将赠品送给受礼者，一般在会面后进行。送礼者应双手将礼品递给对方，不宜放下后由对方自取。
>
> 若同时向多人赠送礼品，应先长辈后晚辈、先女士后男士、先上司后下级，按照次序有条不紊地进行。

馈赠礼物千万别适得其反

赠送礼品既不是为满足某人的物质欲望，也不是显示自己的富有，而是为了表示对别人的祝贺、慰问、感谢的心意。然而，不讲方式和技巧的送礼行为，常常会适得其反。

◎ **送礼要视对象有所区别**

赠送礼品应考虑具体情况和场合。一般在赴私人家宴时，应为女主人带些小礼品，如花束、水果、土特产等。有小孩的，可送玩具、糖果。应邀参加婚礼，除艺术装饰品外，还可赠送花束及实用物品。新年、圣诞节时，一般可送日历、酒、茶、糖果、烟等。

◎ 送礼要把握时机与方式

礼物一般应当面赠送。但有时参加婚礼，也可事先送去。礼贺节日、赠送年礼，可派人送上门或邮寄。这时应随礼品附上送礼人的名片，也可手写贺词，装在大小相当的信封中，信封上注明受礼人的姓名，贴在礼品包装皮的上方。

通常情况下，当众只给一群人中的某一个人赠礼是不合适的。因为受礼人会有受贿和受愚弄之感，而且会使没有受礼的人有受冷落和受轻视之感。

给关系密切的人送礼也不宜在公开场合进行，以避免给公众留下你们关系密切完全是靠物质的东西支撑的感觉。只有礼轻情义重的特殊礼物，表达特殊情感的礼物，才适宜在大庭广众面前赠送。因为这时公众已变成你们真挚友情的见证人。如一本特别的书、一份特别的纪念品等。

◎ 送礼要态度友善，言辞勿失

送礼时要注意态度、动作和语言表达。平和友善的态度、落落大方的动作并伴有礼节性的语言表达，才是受礼方乐于接受的。那种做贼似的悄悄地将礼品置于桌下或房中某个角落的做法，不仅达不到馈赠的目的，甚至会适得其反。在我国一般习惯上，送礼时自己总会过分谦虚地说："薄礼！薄礼！""只是一点小意思"或"很对不起……"这种做法最好避免。当然，如果在赠送时用一种近乎骄傲的口吻说："这是很贵重的东西！"也不合适。

> **Tips**
>
> 在对所赠送的礼品进行介绍时,应该强调的是自己对受赠一方所怀有的好感与情义,而不是强调礼物的实际价值,否则,就落入了重礼而轻义的地步,甚至会使对方有一种接受贿赂的感觉。

◎ 送礼要顾及习俗礼俗

因人因事因地施礼,是社交礼仪的规范之一。对于礼品的选择,也应符合这一规范要求。礼品的选择,要针对不同的受礼对象区别对待。一般来说,对家贫者,以实惠为佳;对富裕者,以精巧为佳;对恋人、爱人、情人,以纪念性为佳;对朋友,以趣味性为佳;对老人,以实用为佳;对孩子,以启智新颖为佳;对外宾,以特色为佳。

就礼品本身所引发的直接后果而言,由于民族、生活习惯、生活经历、宗教信仰及性格、爱好的不同,不同的人对同一礼品的态度是不同的,或喜爱或忌讳或厌恶,等等。因此,我们要把握住投其所好、回避禁忌的原则。在这里尤其强调要回避禁忌。禁忌是一种不系统的、非理性的、作用极大的心理和精神倾向,对人的活动影响强烈。当自己的禁忌被冒犯时,无论是有意的还是无意的,心中的不快不满甚至怨恨是不言而喻的。当我们冒犯别人的禁忌时,就会使得赠送这样一件表达情义的事让人误会,令人不快,甚至引起纠纷冲突。所以,馈赠前一定要了解受礼者的喜好,尤其是禁忌。

例如,中国普遍有"好事成双"的说法,因而凡是大贺大喜之事，所送之礼，均好双忌单。但广东人则忌讳"4"这个偶数，因为在广东话中，"4"听起来就像是"死"，是不吉利的。再如，白色虽有纯洁无瑕之意，但中国人比较忌讳，因为在中国，白色常是悲哀之色和贫穷之色。同样，黑色也被视为不吉利，是凶灾之色，哀丧之色。而红色，则是喜庆、祥和、欢庆的象征，受到人们的普遍喜爱。另外，我国人民还常常讲究给老人不能送钟表，给夫妻或情人不能送梨，因为"送钟"与"送终"，"梨"与"离"谐音，是不吉利的。还有，如不能为健康人送药品，不能为异性朋友送贴身的用品等。

二 收礼、回礼与拒礼的礼仪

收礼回礼与拒礼都要讲"礼"

礼上门来,是收还是不收,如何收受?如何拒绝?如果收了,要不要回赠?如何回赠?下面提出一些原则规定,可供参考。

◎ 把握好收与不收的分寸

一般来说,过于贵重的礼品,或与双方关系不协调、不适当的礼品,应婉言谢绝,不予收受;但特殊情况下,对于至亲挚友在关键时刻的馈赠,一般应予接受。如结婚时亲友送的大件商品;困难时朋友捐赠的财物等,在不影响对方经济承受力的情况下,应谢后收受或部分收受。小件礼品,又能表达对方心意,可谢后欣然收下。对方有目的而来,但自己不能相助时,应说明情况,谢绝馈赠。但对方只想深层交往,或确有真情实感时所送礼品,最好谢后收下,以示对对方的一种尊重。对于公务往来中的礼品,应按有关规定处理。

◎ 把握好退与不退的分寸

有时，朋友赠送礼品，尚未搞清楚对方的来意，就糊里糊涂地收下了，事过之后才搞明白，这样往往给自己带来许多被动。因此，受礼者要认真地分析送礼者的目的。如果是以拉关系、走后门为目的的礼品，不管什么礼品，应该坚决退回。如果感觉到接受礼品对对方的经济压力相当大，则应向对方说明情况，诚心诚意地感谢并退回或退回其中的大部分。在一般情况下，退礼最好少发生或不发生，这只要在收礼时把握好分寸即可。

受礼讲礼节：及时地真诚道谢

接受礼品看起来很简单，但也有一些需要注意的事项。

◎ 双手捧接

当他人口头宣布有礼相赠时，不管自己在做什么，都应立即中止，起身站立，面向对方，以便有所准备。在对方取出礼品，预备赠送时，不应伸手去抢，开口相询，或者双眼盯住不放，但求"先睹为快"。此时此刻，必须保持风度。在赠送者递上礼品时，尽可能地用双手前去"迎接"，不要一只手去接礼品，特别是不要单用左手去接礼品。在接受礼品时，勿忘面含微笑，双目注视对方的两眼。接过来的若是对方所提供的礼品单，则应立即从头至尾细读一遍。

◎ 立即道谢

你可能对礼品赞不绝口，但这是不够的。在双手接过他人礼品的同时，应立即向对方道谢。"谢谢你"三个字表明你谢的不是礼物本身，而是谢对方对你的美意。你可以感谢送礼人所花费的心血："你能想到我太好了。"也可以感谢对方为买到合适的礼品所付出的努力："你竟然还记得我收集邮票。"

◎ 当场拆封

如果现场条件许可，如时间充裕，人数不多，礼品包装考究，在接过他人相赠的礼品之后，应尽可能当着对方的面将礼品包装当场拆封。启封时，动作要井然有序，舒缓文明，不要乱扯、乱撕、乱丢包装用品。

◎ 表示欣赏

当面拆开包装之后，要以适当的动作和语言表示你对礼品的欣赏。比如，将他人所送的鲜花捧在身前闻闻花香，随后将其装入花瓶，并置于醒目之处。如果别人送了一条围巾给自己，则可以马上把它围上，照一照镜子，并告诉赠送者及其他在场者，"我很喜欢它的花色"或是"这条围巾真漂亮"。

◎ 写感谢信

除口头表达感谢之外，别忘了写封感谢信，它表明你花了一些时间感谢馈赠者，就像送礼人花费时间来挑选礼物一样。

世界各国不同的收礼礼仪

收礼的礼仪在世界各国也不相同。在我们中国，习惯收下礼后不当着客人的面打开，而是等客人走后，再拿出来仔细观赏。而西方人接到礼物后，常是当着客人的面打开，在客人面前赞美礼物才是最礼貌的，相反，就被认为无礼。在我国，即使是送给小孩的礼物，小孩子也不能当面打开看看，否则就得挨妈妈的骂，还会冠之"真不懂事"，即无礼之意。而国外小朋友在收到叔叔、阿姨的礼物时，父母亲会鼓励他当面打开，并教他如何当面赞美礼物，如何表示自己多么喜欢这些礼物。这就是受礼中东西方文化的最大差异。

在中国受礼时，千万别问对方礼品的价格，问价是不礼貌的。受礼时，也不必过于自谦，没完没了表示"惭愧""不好意思"，反而会让送礼者难堪。

注重还礼的时机和形式

古人常言道："来而不往，非礼也。"在人际交往中，礼尚往来，互赠礼品，也是人之常情。要是在馈赠行为中，只进不出，意味着有来无往，肯定是行不通的。

接受他人礼品之后，即应铭记在心，在适当的时刻，以适当的方式，向对方回赠礼品。这就是人们常说的还礼。

依照社交礼仪的规范，在人际交往中选择还礼时，重点要注意还礼的时间与还礼的形式等两个问题。把这两个方面的问题都处理好了，还礼方算合"礼"。

◎ 选好还礼的时间

就还礼而言，在具体的时间上必须慎重思量。若是还礼过早，好似"等价交换"，又好比"划清界限"，会使自己显得浅薄庸俗；但要是拖延过久，遥遥无期，则又跟无此打算没有什么不同。

选择还礼的时间，要讲"后会有期"。其最佳的选择有三：其一，是适逢与对方馈赠自己的相同的机会还礼；其二，是在对方及其家人的某一喜庆活动中还礼；其三，是在此后登门拜访之时还礼。

◎ 注意还礼的形式

还礼还需要讲究具体形式，还礼的形式要是不对路数，"还"还不如不"还"。

在考虑还礼时，下述几种具体形式都是合乎礼仪的，可以优先选择其一。

可以与对方相赠之物的同类物品作为还礼。这里所说的"同类"，指的是大的种类。比如，你送我书刊，我可还之以影碟，因为它们均为文艺类礼品。但要注意，在具体品种上，还礼不要与赠礼完全相同。

可以与对方相赠之物价格大体类似的物品作为还礼。一般来讲，还礼与赠礼的价格相仿即可。即使还礼在价格上较赠礼差一些，也未见得不可。

受礼以后，也可以用向对方表示尊敬、感谢的方式来代替还礼。而不必非要还礼不可。例如，在受礼之后，在口头上或书面上向对方致谢；或是在再见对方之时，使用对方的赠礼，以示不忘，等等。

拒收礼品应持谨慎态度

受礼并不是来者不拒、来多少收多少。对有些礼物应持谨慎态度，如：一个并不熟悉的人送给你极其昂贵的礼物；一件你觉得送礼者并不是心甘情愿送的礼物；一件隐含着需要你发生违法行为的礼物；一件让你觉得似乎自己受控制的礼物；一件你认为你不应得到的礼物。

对一些自己不想接受的礼物，最好当场就请送礼者带回。如不肯，可事后请人送回并附上"谢谢，心领了""谢谢你的好意"等字样的小条子或小信函。但对一些具有很明显的走后门的礼品应坚决拒收。退礼得讲究策略，千万不要太伤送礼者的感情，可以寻找一些让对方能接受的理由退礼，让对方能下得了台。

符合社交礼仪的拒收礼品方法有以下几种，在操作中可以酌情选择，见机行事。

◎ 婉言相告法

婉言相告法，即采用委婉的、不失礼貌的语言，向赠送者暗示自己难以接受对方的好意。比如，当对方向自己赠送手机时，可告之："我已经有一台了。"当一位男士送电影票给一位小姐，这位小姐打算回绝时，则可以说："我男朋友也要请我看电影，而且我们已经有约在先了。"

◎ 直言缘由法

直言缘由法，即直截了当而又所言不虚地向赠送者说明自己之所以难以接受礼品的原因。在公务社会交往中拒收礼品时，此法尤其适用。例如，拒绝他人所赠的大额现金时，可以讲："我们有规定，接受现金要算受贿的。"拒收他人所赠的贵重礼品时，可以说："按照有关规定，你送我的这件东西，必须登记上缴。"

◎ 事后退还法

有时，拒绝他人所送的礼品，若是在大庭广众之前进行，往往会使受赠者有口难张，使赠送者尴尬异常。遇到这种情况，可采用事后退还法加以处理。即当时接受下来礼品，但不拆启其包装。事后，尽快地单独将礼品再物归原主。要强调的是，采取此方法时，退还礼品的时间不宜拖延过久,最好应于自接受礼品起的 24 小时之内付诸行动。另外,切勿将退还之物私下拆封,尤其是不宜用过之后才去退还。

三 赠送鲜花的礼仪

送花：借物抒情有品位

在社交活动中，赠送鲜花是一种特殊的馈赠形式，而且是最受欢迎的一种馈赠形式。送人以鲜花，既可以"借物抒情"，以其表达感情，增进友谊；也可以提升馈赠行为的品位和境界，使之高雅脱俗，温馨浪漫。因此，在社交活动中，以花为赠，是最容易被对方接受、皆大欢喜的一种馈赠选择。送花的形式，即应当如何将鲜花送人的问题。具体而言，送花的形式既可以以人区分，也可以以花来区分。

◎ 以人区分

以人区分送花的形式，通常可将其区分为本人亲送、亲友转送、雇人代送等三种。它们分别适用于不同的情况和场合。

① 本人亲送。本人亲送鲜花，是送花的最基本的形式。这种形式不仅自己身临其境，表达自己的感情，而且可以见机行事。

② 亲友转送。由亲友转送鲜花，一般是赠送人本人因故不能到场时所作的一种选择。

③ 雇人代送。有时，自己难以分身，或是为了刻意制造一种气氛，可以按有关标准支付费用，委托鲜花店的"花仙子"，或是邮

政局的"礼仪小姐",代替自己上门送花。

◎ 以花区分

依照送人的鲜花或者组合的形式的不同,送花又可以分为送束花、篮花、盆花、插花、花环等。

① 束花。又叫作花束。它是以新鲜的数枝单花,捆扎成束,精心修剪或包装而成的一种鲜花组合。

② 篮花。又叫花篮。它是以形状各异的精编草篮,按一定的要求,盛放一定数量花大色艳的新鲜的束花。

③ 盆花。即栽种在专门的花盆里,主要用作观赏的花草。

④ 插花。指的是采用一定的技巧,将各种供观赏的鲜花在精心修剪之后,经过认真搭配,然后插放在花瓶、花篮、花插之中。

⑤ 花环。此处所指的是用新鲜的花编扎而成的环状物,可以手持,也可以佩带于脖颈、头顶或手腕上。

巧妙选择送花的时机

诗圣杜甫曾经有诗写道:"好雨知时节,当春乃发生。"其实,要使送花的效果恰到好处,又何尝不需要巧择时机呢?

在社交活动中,适合以花相赠的机会不少。抓住时机赠人以鲜花,或许更容易大见成效。

◎ 例行时机

在社交活动中，在以下场合以花赠人，早已成为被很多人所采用的方式。

① 喜礼之用。碰上亲朋好友结婚、生子、做寿、乔迁、升学、晋职、出国诸般喜事，自可赠送鲜花，作为喜礼，恭喜对方。

② 贺礼之用。参与某些应表祝贺之意的活动，例如企业开张、展览开幕、大厦奠基、新船下水、周年庆典、演出成功等，可赠送鲜花，作为贺礼。

③ 节庆礼之用。逢年过节，遇到诸如春节、中秋节、国庆节、老人节、母亲节、父亲节、教师节、青年节、妇女节、情人节之类的良辰吉日，可向亲友赠送鲜花。

④ 嘉奖礼之用。对于先进、模范、英雄、义士以及在各类比赛中的获胜者，或者为家乡、为单位赢得荣誉者，可赠送鲜花，表示嘉奖鼓励。

⑤ 慰问礼之用。当亲友、邻里、同事、同学、同乡或其家人碰到不幸、挫折时，例如失学、失业、失恋、生病，或是遇到其他一些天灾人祸时，应前去慰问，并赠以鲜花。

⑥ 祭奠礼之用。当自己为他人祭祀、扫墓时，可以花为礼，追思、缅怀故人，或表示自己的一番敬意。

◎ 巧用的时机

在如下一些情况下，用鲜花赠送于人，不仅独出心裁，富有创意，令人耳目一新，而且往往也会有助于赠送者与受赠者双方之间关系的发展或者改善。

① 做客之时。前往他人居所做客时，选择何种礼品经常让人颇费思量。其实，此时假若以鲜花为礼，是既脱俗，又不至于让对方为难或产生猜忌的。

② 迎送之时。当关系密切者即将远行，或者远道归来之际，向其赠送一束鲜花，可以巧妙地向对方委婉地表达自己的亲情、友情、爱情，不会令其无所附丽。

③ 重要纪念日。每逢重要的私人纪念日，例如与恋人初识之时，与配偶定情之日，以及对方生辰和双方结婚日时，送花给对方，可略表寸心，显示自己"我心依旧"，珍爱对方，一如既往。

④ 示爱之时。向自己的意中人吐露自己的爱慕之意，对不少人都是一桩"心思好动口难开"的难事。此时，不妨以花为媒，借花开道，通过向对方献花，袒露自己的心扉。

懂得花语才能称心如意

花语就是各种不同的花所代表的含义。这是人们在长久的生活习惯中逐渐形成的共识。一般来说，在不同的国家和地区，它们的含义是有很大区别的，因此，唯有懂得这些，才能正确地使用花卉，从而不至于在赠送时闹出误会。

我国的花语如下。

牡丹——富贵、繁荣。

菊花——长寿、高洁、哀悼。

银莲花——吉祥如意。

茉莉花——清净纯洁、朴素自然。

玫瑰——纯洁的爱。

百合——百事合意、纯洁。

文竹——永恒。

情人草——爱意永恒。

康乃馨——母爱、慈祥温馨、柔情。

橄榄树——和平。

树兰——优雅情趣、青春活力。

马蹄莲——永结同心、圣洁虔诚。

紫罗兰——永恒的美。

兰花——高贵、优雅。

孔雀草——朴素自然、温柔。

大花葱——聪明可爱、得意。

石斛兰——慈爱、父爱之花。

一叶兰——永葆青春、天长地久。

向日葵——敬慕、光辉。

花毛茛——高贵、典雅。

一品红——普天同庆、共贺新生。

满天星——清纯、思念、福星高照。

万年青——友谊长存、青春永驻、平安。

蝴蝶兰——我爱你。

风信子——浪漫、倾慕、胜利。
朱顶红——成双成对。
勿忘我——不要忘我、长相随。
蓬莱松——长寿。
郁金香——爱的告白。
风铃草——成功、春风得意。
大丽花——大吉大利。
常春藤——永久的记忆。
草原龙胆——努力向上。
火炬花——热情、光明、有干劲。
连翘——财运高涨、恭喜发财。
仙客来——清秀俊美。
水仙花——品德高尚、清秀脱俗。
杜鹃——繁荣、鸿运当头、节制。
荷包花——财源广进。
富贵菊——合家欢乐、荣华富贵。
秋海棠——美丽常在、气质高雅。
报春花——充满希望、渴望自由。
米兰——平凡、清雅。
山茶——智慧、美丽、端庄。
金盏花——悲哀。
丁香花——谦逊。
杏花——疑惑。
山楂——希望。

自然界中的鲜花百花齐放，人世间花语多种多样。如果需要送花，可是又缺少花语方面的知识，也不用着急，去附近的花店买花，营业员自然会帮助配花，让你称心如意。

精心设计，鲜花送给有情之人

送花的目的是以花为礼，联系情感，增进友谊。因此，什么时候送什么花，什么场合选什么花，什么人喜欢什么花，都需要根据具体情况，因时因地因对象而精心设计。所以，我们有必要对各种常见鲜花作一定的了解，才会做得更得体。

结婚：除玫瑰、百合、郁金香、香雪兰、扶郎花外，还可添加大丽、风信子、舞女兰、石斛兰、大花慧兰、红掌等。

生日：祝贺友人的生日，属喜庆的花都可相赠。但对于长辈就应选用万寿菊、龟背竹、百合花、万年青、报春花等具有延年益寿含义的花草，如能赠送国兰或松柏、银杏、古榕等盆景，更能表达尊崇的心意。

情人节：红玫瑰、郁金香。

母亲节：康乃馨、百合花。

乔迁新居：一般以吊兰、常春藤、芦荟、仙人掌、发财树、摇钱树、富贵龙、绿萝、荷兰铁为宜。

圣诞节：一品红（圣诞树）、南洋杉。

教师节：剑兰、菊花。

春节：报春花、富贵菊、仙客来、荷包花、紫罗兰、花毛茛、报岁兰等。

婴儿出生满月：最好送各种鲜艳的时花和香花。

哀悼死者：尽可能送些病人平常所喜欢，或较为娇艳的花草。绝不可送白的、蓝的或黑的花卉。切勿送剑兰，因为剑兰的花语含见面难之意。

灵台致祭或习俗扫墓：除送花圈外一般不必另送花束，但可以送白色菊花，也可以在墓前栽种塔柏、南洋杉、雪松等常绿植物。

各国送花禁忌

郁金香在土耳其被看作是爱情的象征，但德国人却认为它是没有感情的花。兰花是东南亚的象征，而在波兰被认为是激情之花。白百合花对罗马人来说是美与希望的象征，而在波斯人们认为它是纯真和贞洁的表示。荷花在中国、印度、泰国、孟加拉、埃及等国评价很高，但在日本却被视为象征祭奠的不祥之物。菊花是日本王室的专用花卉，人们对它极为尊重，但它在西班牙、意大利和拉美各国却被认为是"妖花"，只能用于墓地和灵前。在法国，黄色的花朵被视为不忠诚的表示。

在国际交际场合忌将菊花、杜鹃花、石竹花、黄色的花献给客人，已成为惯例，社交人士须特别注意，以免引起不良后果。

不要忽略花的颜色选择

随着人们生活水平的提高，在日常交往中，赠送鲜花已越来越成为现代时尚。但送花是一门学问，又是一门艺术。每一种花都具有某种含义，蕴藏着无声的语言，因此，送花时应根据对方的情况选择不同的花种。

不同颜色的鲜花不仅可以使人的情绪发生变化，而且能产生不同的心理效应。通常把花分"暖色"和"冷色"两种。红、橙、黄、紫等属暖色；白、黑、蓝等属冷色。在我国，花色属"暖色"和花名含有吉祥意义的花，大多用于祝贺结婚，祝贺亲朋好友的生日，祝贺乔迁之喜、开张大吉等喜庆事宜。花色属"冷色"的花，多用于丧葬、祭祀等表示悼念和哀愁伤感的事宜。

红色：象征热烈、热情、兴奋、健康和希望。适合婚礼、喜庆、节庆、开业、剪彩用。

黄色：给人富丽堂皇、豪华、尊严及明朗、愉快之感，深浅不同的黄色搭配可以产生微妙的观感。

橙色：给人以明亮、华美、庄严、温暖、成熟之感。适合于丰收、喜庆、收获场景作主色调用。

绿色：象征生命，使人开朗，充满青春、希望、新生、健康、活力。可作冷饮店、居室、客厅主要花材。

紫色：表示高贵、典雅、华丽。适合于布置居室、舞厅、藤萝棚架。

蓝色：给人以凉爽的感觉，象征温柔、轻松、宁静、安定、纯洁、秀丽和不朽。适合于咖啡厅、茶室等安静场所用。

白色：给人以纯洁、神圣、朴素、高洁、单纯、肃穆、哀伤、寒冷之感，使人明快，象征纯洁、神圣、幸福和坦率。

黑色：使人沉重，象征庄严、朴素、神秘、静寂和沉稳。

送花的数量大有玄机

1朵：表示你是我的唯一。

2朵：表示你侬我侬，祝你幸福。

3朵：表示我爱你，请原谅我。

4朵：表示山盟海誓，相爱长久，似曾相识。

5朵：表示无怨无悔。

6朵：表示祝你一切顺利。

7朵：表示喜相逢，祝你幸福。

8朵：表示弥补，请原谅我。

9朵：表示长长久久，长相厮守，相爱到永远。

10朵：表示十全十美，完美的你。

11朵：表示一心一意，最美。

12朵：表示心心相印。

13朵：表示暗恋的人。

15朵：表示守住你的人。

16朵：表示成长的喜悦。

17朵：表示好聚好散，让爱结束吧。

19朵：表示一生守候。

20朵：表示两情相悦，矢志不渝。

21朵：表示你是我的最爱。

22朵：表示双双对对，生生世世。

24朵：表示思念，我好想你。

25朵：表示没有猜忌。

26朵：表示旧爱新欢。

30朵：表示不需言语的爱。

32朵：表示告诉你，我不会三心二意。

33朵：表示深情呼唤我爱你。

36朵：表示我心属于你。

44朵：表示亘古不变的誓言。

50朵：表示这是无悔的爱。

66朵：表示情场顺利，真爱不变。

77朵：表示有缘相逢，嫁给我吧。

80朵：表示让我尽一切地弥补你。

88朵：表示用心弥补一切的错。

99朵：表示天长地久，长相厮守。

100朵：表示百分百的爱，白头偕老，百年好合。

CHAPTER 6

YUREN
JIAOTAN
DE
LIYI

第六章
与人交谈的礼仪

社会交往，语言交流是必不可少的沟通方式。在与人交谈中既要讲究说话艺术，也要注意交谈礼仪。否则或是因失礼而产生误解，或是因无礼而让人厌恶。交谈礼仪的要求，一是要言之有序，条理清晰，有条不紊；二是要言之有趣，语言活泼，令人愉快；三是要言之有礼，掌握分寸，表示尊重。同时，在交谈中还要善当听众，在倾听他人讲话时与之互动呼应。只有这样才能在社交中赢得对方的好感。

一 把握与人交谈的艺术

说话需要讲究艺术。说话不能靠材料堆积吸引人，而要靠内在的逻辑力量吸引人。说话是口耳相传的语言活动，它没有过多的时间让听众去思考，所以善说话者，一定是层次分明，逻辑严密的人。

说话还需要讲究语速与语调。在语言沟通中，如果只顾快嘴快舌，就无法产生好的效果。一味地快速度，只能使对方感到你的轻浮，进而对你提供的信息产生怀疑；声音过于激烈，会让人感到"此人强词夺理"，从而在心理上产生反感或抵触情绪。

抓住重点，理清思路

抓住重点，理清思路，这是说话的基本要求，也是说好话的前提。我们平时与人寒暄或作简短的交谈，一般都是比较随便的，谈不上条理清晰。但在正式场合，比如报告会、讲座、演讲等比较重要的讲话，情况就不一样了，这要求说话者对所说的内容有深刻的理解，并对整个说话过程作出周密的安排。一般来说，有这样几点要求。

◎ 把握中心

说话不是照本宣科，难免带有水分，有时会插一些题外话，有时会发现已讲过的某个问题有点遗漏需要临时补充，这样就容易杂乱。作为一个高明的说话者，应时刻把主题牢记在心，不管怎样加插，不管转了多少个话题，都不偏离说话的中心。

◎ 言之有序

与写作相比，说话是口耳相传的语言活动，没有过多的时间让听众思考，所以逻辑关系要更为清晰、严密。话语的结构要求明了，善于提出问题、分析问题、解决问题。观点和材料的排列，要便于理解、记忆和思考，所以要较多地采用由近及远、由浅入深、由已知到未知的顺序安排。当然，时间顺序最好按过云、现在、未来进行安排，这样容易被听者记住。

◎ 连贯一致

开场白非常重要，它直接影响到所讲内容的展开，不能一开口就"噌"地冒出一句让人莫不着边际的话；多层意思之间过渡要灵活自然；结尾要进行归纳，简明扼要地突出主题，加深听话者的印象。

◎ 要言不烦

那种与主题无关的废话，言之无物的空话，装腔作势的假话，听众都极为厌烦。

马克·吐温曾经说过,有一次他去听一位牧师传教,开始很有好感,准备捐献身上所有的钱。过了一小时,他听得厌烦,决定留下整钱,只捐些零钱。又过了半小时,他决定分文不给。等到牧师说完了,他不仅不给,还从捐款的盘子中拿出两元钱作为时间的补偿。

这是对说话冗长者的绝妙讽刺。所以说话中应当注意在句式变化的同时,多用短句少用长句。长句能够表达缜密的思想、委婉的感情,能够造成一定的说话气势。但是其结构比较复杂,句子长,如果停顿等处理不好,不但说话者觉得吃力,就是听话者听起来也不易理解。而短句的表达效果简洁、明快、活泼、有力。由于活泼明快,就可以干脆地叙述事情;由于简洁有力,就可以表达紧张、激动的情绪,坚定的意志和肯定的语气。因此在运用上,易说易听的短句更适合于在交谈、辩论演讲等重要场合的说话中使用。

一个人要想做到会说话,说好话,首先要做到有的放矢,简明扼要,突出重点。表达自己的观点,更应当讲究章法,思路严密。这是提高说话水平的基本要求。

条理清晰，有条不紊

讲话吸引人的人都不是唠叨或虚张声势之辈，他们在讲话中很注意循循善诱，丝丝入扣，有条有理，像春雨润物渗透进听者的心房，易于听众接受。

要做到说话有条不紊，不妨试试以下几个办法。

◎ 要有充分的准备

如果你在讲话时对所要讲的内容没有认真考虑过，你肯定会感到无话可说，即使说起来也不会流畅自如。因此，必须在讲话之前有充分的准备，或者写成提纲，或者默诵、试讲。你对讲话的内容越熟悉，你就越能讲得好，越不会信口开河，无的放矢。

◎ 学会对话方法

从心理学角度看，口头语言有对话言语（聊天、座谈、辩论等）与独白言语（报告、演讲、讲课等）之分。一般来说，后者的要求更高，并且是以前者为基础的。我们首先必须学会对话言语的方法，与别人很好地交流思想，才能在听众较多时有较好的效果。在与别人谈话时，要耐心倾听别人的意见，不可随便插话或打断别人的话头，要"察言观色"，注意对方的姿势、表情和态度，要分析对方讲话的得失，吸收其优点，舍弃其缺点。同时，自己的讲话要含义明确，态度诚恳，并且当对方显出厌倦或注意力涣散时，就要停止讲话。

人类的心理是很微妙的，有时听众并不因为你讲的内容很有道理就完全信服你，他们还要顾及讲话人的表达方式。即使是正式场合的谈论，声音过于激烈也会让人产生"此人强词夺理，所说之言不足为信"的想法，随之，心理上会产生反感或者抵触情绪。

有条不紊的谈话，可给人以稳重之感。因此，与人交谈时，应注意纠正语调生硬、语速太快的习惯。

◎ 勇于勤讲多练

善于言辞的才能并不是天生的，而是在环境的影响下，通过个人的实际锻炼逐步发展的。因此，我们要克服害羞胆怯的心理，在生人面前或人多的场合，要争取讲话的机会，勇敢地发表自己的意见。虽然开始时不一定会成功，甚至会遭到别人笑话，但不要介意，要认真分析自己讲话失败的原因。勤讲多练，不断改进，这样才能不断提高自己说话的水平。

只要有意识地去提升自己的语言表达能力，并且训练方法得当，每个人都有可能拥有一副好口才，成为讲话出色的人。

精心遣词，悉心表达

马克·吐温说："恰当地用字极具威力，每当我们用对了字眼……我们的精神和肉体都会有很大的转变，就在电光石火之间。"历史上许多伟大人物就是因为善于运用字眼的力量，大大地激励了人们，并唤起民众全心跟随，从而塑造出今天的世界。这就是人们常说的"振臂一呼，应者云集"的效果。的确，用对了字眼不仅能打动人心，同时更能带动行动，而行动的结果便展现出另一种人生。

当帕特里克·亨利站在十三州代表之前，慷慨激昂地说道："我不知道其他的人要怎么做，但就我而言，不自由，毋宁死。"这句极具感召力的话，激发了美国人的决心，使他们誓要推翻长久以来压在他们头上的苛政，结果造成燎原之火，美利坚合众国由此诞生。

许多人都知道人类的历史就是由那些具有威力的话所写成的，然而却鲜有人知道那些伟人所拥有的语言力量也能够在我们的身上找到，它能改变我们的情绪，振奋意志，乃至于有胆量面对一切的挑战，使人生过得更丰富。

第二次世界大战期间，英国正处于风雨飘摇之际，民心涣散，经济萧条。这时，有一个人的话激起了英国全民抵抗纳粹的决心，结果他们以无比的勇气挺过了最艰苦的时期，打破了希特勒军队所向无敌的神话。那个人就是英国政治家、前首相丘吉尔。

生活中时时选择使用积极性的字眼，最能振奋我们的情绪；反之，若是选择使用了消极的字眼，就必然很快使我们自暴自弃。遗憾的是，我们经常不留意所用的字眼，以致错失唾手可得的大好机会。因此我们务必重视使用字眼的重要性，这做起来并不难，只要能聪明而用心地选择就行了。

我们在跟别人说话时常常用字十分谨慎，然而却不留意自己习惯用的字眼，殊不知我们所用的字眼会深深影响我们的情绪，也会影响我们的感受。因此，如果我们不能好好掌握怎样用字，如果我们随着以往的习惯继续不加选择地用字，很可能就会扭曲所历经的事实。譬如说当要形容一件很了不起的成就时，用的字眼是"不错的成就"，那对自己的情绪就很难造成兴奋的感觉。这全是因为用了具有局限性的字眼所致。一个人若是只拥有有限的词汇，那么他就只能体验有限的情绪，反之若是他拥有丰富的词汇，那就有如手中握着一个可以调出多种颜色的调色盘，可以尽情挥洒自己的人生经验，不仅为别人，更为自己。

Tips

良言妙语能治人心病，能带给人希望；污言秽语则会刺伤人的心，会带给人失望。讲话中精心遣词，准确表达才可让人更了解你的心迹和愿望。因此，一定要拥有丰富的词汇。

言简意赅，简练有力

"言不在多，达意则灵。"无论在什么场合，讲话要语不烦精，字字珠玑，简练有力，会使人不减兴味。冗词赘语，唠叨啰唆，不得要领，必令人生厌。

语言还要力求通俗、易懂，如果不顾听者的接受能力，用文绉绉、艰涩难懂的语言，往往既不亲切，又使对方难以接受，结果事与愿违。

当前，员工对某些领导部门开长会的不良作风很有看法，还送其一个雅号为"马拉松会议"。开会前议题不明确，开会时中心不突出，议论问题不着边际，仿佛不长篇大论就显示不了水平似的。这样的会议效果极差！

不少演讲大师惜语如金，言简意赅，留下珍贵的篇章，成为"善辩者寡言"的典型。

最短的总统就职演说，首推1793年华盛顿的演说，仅135个字。

林肯著名的葛底斯堡演说只有十个句子，他的演讲重点突出，一气呵成。

1984年7月17日，37岁的法国新总理洛朗·法比尤斯发表的演说，更是短得出奇，演讲词只有两句："新政府的任务是国家现代化，团结法国人民。为此要求大家保持平静和表现出决心，谢谢大家。"措辞委婉，内容精辟。

语言除应简洁、精练外，还应通俗易懂，否则很可能达不到预期效果，甚至闹成笑话。

一天晚上，某书生被蝎子咬了。他摇头晃脑地喊道："贤妻，迅燃银灯，尔夫为毒虫所袭！"

连说几遍，他妻子怎么也听不明白。疼痛难忍的书生气急之下只好叫道："老婆子，快点灯，蝎子咬着我啦！"灯立时点起。

这一则笑话是讽刺那些专会咬文嚼字、不注意口语化的人。下面一则则是讽刺那些谈话文绉绉、酸溜溜的人。

一天，某村中学一教师去家访，正碰上这学生家宾客盈门。他见自己来得不是时候，便连连向家长道歉："请恕冒昧！请恕冒昧！"学生、家长顿时怔住了。次日，家长专程到学校找校长评理："昨天是我妹妹大喜的日子，你校某老师不知羞耻地对我说：'请许胞妹。'要我把妹妹许配给他。我看他是'花疯'。"校长知道这位老师作风正派，工作负责，觉得奇怪，便立即找他核实情况并向家长作了一番解释。家长这才自责文化水平低，没有听懂。这位老师也既羞且恼，哭笑不得。这场风波就是因为他语言不通俗酿成的。

口头语言通过耳朵传入大脑。因语词有同音异义，一音多义，如用词晦涩难懂的话，势必影响听的效果，而且听众文化素养有很大差别，应该"就低不就高"。所以对广大群众讲话，更应该明白晓畅，通俗易懂。口头语言与书面语言有较大的差异，有的人在讲话中过多地使用书面语，而不是口语，也使人听了很不舒服。这样的讲话自然是失败的。其失败原因在于，不讲究语言的实际效果，而一味追求形式上的华美。

　　社会语言需要用讲话者和听者双方都习惯、共同感兴趣的"大白话"来表达，这样才容易沟通感情，交流思想。若追求华丽新奇，过分雕琢，听者就会认为这是在炫耀文采，从而对讲话一只耳朵进，一只耳朵出，这样，话说得再漂亮也不会有什么力量。所以，使用语言要像鲁迅说的："有真意，去粉饰，少做作，勿卖弄。"

　　在社交中，要想充分展示自己，就要做到简洁、精练地说话，使听者在较短的时间里获取较多有用的信息。反之，空话连篇，言之无物，必然误人时光，令人不知所云，当作一席废话。

驾驭语气，引人入胜

语气是有声语言的最重要的表达技巧。掌握了丰富、贴切的语气，才能使我们的思想感情处于运动状态，不时对听话人产生正效应，从而赢得交际的成功。

文学大师郭沫若在台下观看自己创作的五幕历史剧《屈原》的演出时，他听到婵娟痛斥宋玉："宋玉，我特别恨你，你辜负了先生的教训，你是没有骨气的文人！"

郭老听后，感到"你是没有骨气的文人"这句话，骂得还不够分量，就走到后台去找"婵娟"商量。"你看，在'没有骨气的'后面加上'无耻的'三个字，是不是分量会重些？"

这时，正在一旁化妆垂钓者的演员张逸生，灵机一动，插了话："不如把'你是'改为'你这'，'你这没有骨气的文人'，这多够味，多么有力！"

郭老拍手叫绝，连称："好！好！"这一字之改，不仅使原来的陈述句变为坚决的判断句，而且使语言有强烈的感情色彩，语气也更加有力，婵娟的愤怒之情溢于言表。

驾驭语气是十分复杂的技巧，要注意以下几点。

◎ 掌握语气的特点

语气包含思想感情、声音形式两方面内容，而思想感情、声音形式又都是以语句为基本单位的。因此，语气的概念又表述为具体思想感情支配下的语句的声音形式。语音作为语言的物质外壳，是语气表达所必须依据的支持物。语言有表意、表情、表志的作用，语气相应也分为以下三种。

① 表意语气。表意语气指的是向对方传递某种信息。如陈述、疑问、祈求、命令、感叹、催促、建议、商量、呼应等。这种语气词或独立成小句，或用于小句末，或用于整个句子末尾。指明事实，提请对方注意，用"啊、呢、咯、嗯"等；催促、请求用"啊、吧"；质问、责备用"吗"，如与副词"难道"搭配，语气更为强烈；说理一般用"嘛"和"呗"；招呼、应呼用"喂"；揣测用"吧"。

② 表情语气。表情语气是谈话中表现的感情。如赞叹、惊讶、不满、兴奋、轻松、讽刺、呵斥、警告等。赞叹用"呵、啧"，句中常有"多"字搭配；惊讶用叹词"啊、哎、哟、咦"；叹息用"唉"；制止、警告用"嘘、啊"；醒悟用"哦"；鄙视用"呸"，等等。

③ 表志语气。表志语气，就是对自己的说话内容表示某种态度。如肯定、否定、强调、委婉、和缓等。肯定用"得了、（是）……的"；缓和用"啊、吧"，语气显得平淡，不生硬；夸张用"呢、着呢"。

◎ 改变不良的习惯语势

语言是人际交往的桥梁。正因为有了语言，才丰富了人的社会化的内容，扩大了社会化的范围，加速了社会化的进程。但是，应该看到，人在社会化的过程中，由于受社会、家庭和个人的某种语言习惯的影响，形成了每个人的独特的习惯语势，因此要尽早克服那些不符合语气要求的习惯语势。

有的人讲话声音变化很大，总是一开口声音很高、很强，到后来越说越低、越弱，句尾的几个字几乎听不到。这种头重脚轻的语势使语意含混，容易造成听话人的疲劳感。有的人讲话，总是带有一种"官腔"，任意拖长音，声音下滑，造成某种命令、指示的意味。有的人讲话，则喜欢在句尾几个字上用力，使末一个字短促，语力足，给人以强烈感、武断感，容易让人不舒服。

把握语气主要是做到句首的起点要参差不一，句腹的流动要起伏不定，句尾的落点要错落有致，这样就能使语气千姿百态，丰富多彩。正确地运用语势，就会对每句话的表达从语意上给以具体把握，这种把握是驾驭语气的基本内容。

◎ **根据不同场合调整语气**

要取得良好的效果，要根据不同场合、不同时机、不同环境和不同对象的语言交流特点，灵活恰当地运用语气的多种形式，做到适时而发。

① 因地而异。把握语气要注意说话的场合，这是十分必要的。一般来说，场面越大，越要注意适当提高声音，放慢语流速度，把握语势上扬的幅度，以突出重点。相反，场面越小，越要注意适当降低声音，适当紧凑词语密度，并把握语势的下降趋向，追求自然。场合不同，应运用不同的语气。在谈话的场合和演讲的场合、论辩的场合和对话的场合、严肃的场合和轻松的场合、安静的场合和嘈

杂的场合，等等，都要根据情况使用不同的语气。

② 因时而异。同样一句话，在不同时候说，效果往往大相径庭。抓住时机，恰到好处，运用适当的语气，才会产生正确的效果。

③ 因人而异。驾驭语气最重要的一条是语气因人而异。语气能够影响听话者的情绪和精神状态。语气适应于听话者，才能同向引发，喜悦的语气会引发出对方的喜悦之情，愤怒的语气会引发出对方的愤怒之意；语气不适应于听话者，则会异向引发，如生硬的语气会引发出对方的不悦之感，埋怨的语气会引发出对方的满腹牢骚等。判断说话语气的依据是一个人内心的潜意识。

　　在所有使用有声语言的场合，都离不开语气。在一句话中，不但有遣词造句的问题，而且有用怎样的语气表达才准确、鲜明、生动的问题。在不同的情境下，要使用相宜的语气。

运用语调，扣人心弦

语调，就是说话的腔调。从严格定义上说，语调应表述为：整句话和整句话中某个语言片断在语音上的抑扬顿挫，包括全句或句中某一片断的声音的高低变化，说话的快慢（即音的长短和停顿）以及轻重等。

有一次，意大利著名悲剧影星罗西应邀参加了一个欢迎外宾的宴会。席间，许多客人要求他表演一段悲剧，于是他用意大利语念了一段"台词"。尽管客人听不懂他的"台词"内容，然而，他那动情的声调和表情，凄凉悲怆，不禁使人流下同情的泪水。可一位意大利人却忍俊不禁，跳到厅外大笑不止。原来这位悲剧明星念的根本不是什么台词，而是宴席桌上的菜单。

这个有趣的事例说明了语调的感染力。语调是人类有声语言的特有现象。在口语交际中，语调往往比语义能传递更多的信息，能对听众的心理产生极其微妙的特殊作用，因此更为重要。

一位语言大师曾这样评说："语调是语言动作的最高级，最有说服力的一种形式。"优秀的演说者都会恰当地运用语调的快慢、高低，抑扬顿挫，使表达更具有说服力、感染力、吸引力。

那么，怎样才能使有声语言表达生动有趣呢？

◎ 掌握有特色的各种句调

一句话富有表现力，因为它声音有高有低，有快有慢。声音的高低是由声带的松紧决定的，声带拉紧，声音就变高；声带放松，声音就变低。我们说话可以自由地控制声带的松紧，使之发出不同的高低音。一句话声音的高低变化叫作句调。句调是语调中主要的内容。句调可分升调、降调、曲调、平调四种。升、降、曲、平四调，各具特色。只有掌握句调的特点，才能灵活表达出各种句调。

① 升调。这种句调前低后高，整个句子的后半句明显升高，句末音节高亢，一般用于提出问题、等待回答、感情激动、情绪亢奋、句中顿歇、意犹未尽、发号施令、宣传鼓动、惊异呼唤、出乎意料等场合。

② 降调。这种句调先高后低，但声音不是明显下降，只是逐渐降低，句末音节短而低。在口头交际中，降调的使用最为常见，它多用于情绪平稳的陈述句、感情强烈的感叹句、表达愿望的祈使句。

③ 曲调。这种句调由高转低，自低升高，或由低转高，再降低。曲调能表达出复杂的情绪或隐晦的感情，所以常用于语义双关、言外有意、幽默含蓄、讽刺嘲笑、意外惊奇、有意夸张等处。

④ 平调。这种句调变化不大，平稳、舒缓，多用于表达分量稳重的文句，如庄重严肃、冷淡漠然、思索回忆、踌躇不决等。

Tips

用不同的语调表达不同的意义是人类的本领。一个说话感染力强的人，必定具有熟练控制语调的能力。毫无疑问，善于动用恰当的语调来表达复杂的内容和不同的思想感情，是口才基本功的一个重要方面。要学好口才的人必须具备这一基本功。

◎ 语调抑扬顿挫

说出的话中含有语调才能显得抑扬顿挫。抑扬顿挫构成语言自然和谐的音乐美，能细致表达思想感情和语气，使语言更富有吸引力。一般来说，语调越多样化，越生动活泼，其吸引力就越大。

分寸感是语调正确的首要条件。每句话都可以用不同的语调来说，但不同的语调给对方的信息刺激也是不同的。同样一句话，由于语调不一，就可能给人不同的理解，文明语言可能揭示不尊敬对方的信息；相反，有些不礼貌的语言在非常亲近的人当中，却给人揭示一种亲密无间的信息，关键在于语调分寸感的使用。

语调还可以反映出一个人的心理状态，只有善于调节说话的语调，才能正确反映自己的心态，并且适应听话者的口味，从而达到感染人、说服人的交际目的。

恰当地运用不同的语调，是衡量一个人口头表达能力的重要标志。

◎ 控制说话的轻重

人们说话都有轻重快慢之分。一般来说，重要的词语或需要强调的内容说得重些，句子中的辅助成分或平淡的内容说得轻些。说话轻重适宜，能使语意分明，声音色彩丰富，语气主动活泼，语言信息中心突出，从而引起听者的注意，引导听者的思路，易于被人理解和接受。说话的轻与重，是相对而言的。太轻，容易使听者减少兴趣；太重，也容易给听者突兀的感觉。应根据说话的内容，该轻则轻，该重则重，使人感到音节错落有致，舒服畅快。

◎ 运用恰当的语速

运用恰当的语速说话,也是控制语调的主要技巧。语速应根据交际场合和个人表情达意的需要而选择。在需要快说时,语速流畅,不急促,使人听得明白;在需要慢说时,不能拖沓,要声声入耳。语速徐疾,快慢有节,才能使言语富于节奏感。听者处在良好的倾听环境里,才能不疲劳,并且增强语言的感染力。

◎ 培养表达心声的语调

语调对于有声语言表运的效果有重要的作用。语调不仅能成功地表达一个人的心理和性格,还可以表达说话者微妙的感情。

语调的基础是说话者的思想和感情,而且能影响对方的感情。生硬的语调,冷淡的语调,都会唤起听话者不愉快的感情。而明快的语调,热情的语调,则给听者心情舒畅的力量。

不同的语调,将导致对方不同的感觉效果。一句话起什么作用,产生什么效果,给听者什么感受,取决于说话者的语气和语调。语调关系到口才的成功和失败,所以要交际成功,必须练习那种真实、准确、富有生命力的语调。

前苏联作家奥斯特洛夫斯基喜欢从看不见演员的后台听自己的剧本。他聚精会神听演员的语调,并按语调"看"自己剧中的人物。这种独特的方式正是从语调来体会说话人的内心活动。

07 委婉暗示，曲径通幽

委婉，或称作婉转、婉曲，是一种修辞手法。它是指在讲话时不直陈本意，而用委婉之词加以烘托或暗示，让人思而得之，而且越揣摩，含义越深越多，因而也就越有吸引力和感染力。

葛拉西安说过："说得恰当要比说得漂亮更好，在交际中，处处有委婉，常常用委婉，它可大大增强交际效果，委婉有时实在是妙不可言。"

谈起《水浒传》，人们便会立即想起那心直口快的"直炮筒"鲁智深的形象。其实，即使是最直率的鲁智深，有时也离不开委婉，说话也有含蓄的时候。电视剧《鲁智深》写鲁智深三拳打死镇关西后，为了逃避官家的追捕，只得削发为僧。剧中有这样一段台词：

法师："尽形寿，不近色，汝今能持否？"
智深："能。"
法师："尽形寿，不沾酒，汝今能持否？"
智深："能。"
法师："尽形寿，不杀生，汝今能持否？"
智深：（犹豫深思）。
法师高声催问："尽形寿，不杀生，汝今能持否？"
智深："知道了。"

要叫鲁智深不近女人、不饮酒，他还能做到，倘要他不惩杀世间的恶人，实在难办。但此时若回"不能"则法师必不许其剃发为僧，他就无处藏身了。因此来一个灵活应付，回答"知道了"，暗示"不能持"，法师面前过得关，又不违背自己的本意，两全其美。

在社交中，为给人以风趣之感，有人常常运用故意游移其词的手法，曲折地表示了事情的本意，但又没有违反惯用语言的规律，收到了预期的效果。

两度总统竞选均败于艾森豪威尔手下的史蒂文森，从未失去幽默。在他第一次荣获提名竞选总统时，他承认自己受宠若惊，并打趣说："我想得意扬扬不会伤害任何人，也就是说，只要人不吸入这空气的话。"

在他竞选第一次失败的那天早晨，他以充满幽默力量的口吻，在门口欢迎记者进来："进来吧，来给烤面包验验尸。"几天后，他被邀请在一次餐会上演讲。他在路上因为阅兵行列的经过而被耽搁，到达会场时已迟到了。他表示歉意，解释说："军队的英雄老是挡我的路。"会议得以在欢愉的气氛中圆满闭幕。

可见，轻松、巧妙、含蓄的俏皮话，说得委婉，改变了演讲者在人们心目中的失败者形象，使听众感到他同样是赢者，并使他在人们心目中留下了不可磨灭的印象。

无论是谁，在生活中都有不便直言之事。青年男女向异性求爱，虽然文学作品中也有"姑娘，我爱你""小姐，嫁给我吧""亲爱的，我向您求婚"之类的直率描写，但大多数人尚无这种勇气，因此常用婉语。如少数民族有些人很崇尚用对歌表达爱意，是很能表达青年男女双方的感情的。

总之，在社交交谈中，适当讲究曲径通幽的谈话艺术，会使你魅力无穷。正像格拉西安所讲的至理名言："说得对路要比说得漂亮更好。"

在社交言谈中，学会委婉说话是一门真功。具有驾驭语言的功力，富有语言表达技巧的人才能够自如地使用多种语言表达方式，不断探求各种各样的语言风格。

幽默风趣，魅力无穷

语言在交往中要有所突破，一个卓有成效的利器就是幽默。幽默可以表现一个人的才华与素养，幽默的语言常常可以产生意想不到的效果。

语言幽默说起来容易，做起来却很难，它需要我们好好学习。例如，有的人讲了一个多小时，大家都没有听懂他到底要说什么。其实，他只需要穿插一两个小小的幽默就可以比他一个小时讲的东西还要丰富。长篇大论并不比短小精悍、言之有物有价值。

说话要深刻有力，就要学会运用幽默的力量。因为幽默能给人们留下亲切可敬的印象,从而使你的观点为人家所认同。

◎ 要善于幽默

荣耀全美的十大销售高手之一的甘道夫博士曾说:"销售是2%的产品知识和98%的了解人性。"美国《EQ》一书的作者高曼博士说:"成功来自80%的EQ(情商)和20%的IQ(智商)。"可见了解人性、善于沟通、幽默口才才是成功的关键所在。我们经常会诧异,为什么有人那么受人欢迎而有人却那么受人鄙弃?问题就出在"懂不懂得销售自己"了。

在社交场合中,希望自己更受大家的欢迎就要懂得适时地幽默一下,更要懂得将幽默摆在严肃的前面。

某大学植物系有一位植物学教授,开的课虽然是冷门课程,但只要是他的课,几乎堂堂爆满,甚至还有人宁愿站在走廊边旁听。原因并不是这位教授专业知识多傲人,而是他的幽默风趣风靡了全校园,使得学生们都喜欢上这位教授的课。

有一次,该教授带领一群学生深入山区做校外实习,沿途看到许多不知名的植物,学生好奇地一一发问,教授都详细地回答解说,一位女同学不禁停下了脚步,对着教授赞叹地说:"老师,您的学问好渊博呀,什么植物都知道得那么清楚!"教授回头眨了眨眼,扮个鬼脸笑道:"这就是我为什么故意走在你们前头的原因了,只要一看到不认识的植物,我就'先下脚为强',赶紧踩死它,以免露馅!"

学生们听了个个笑得前俯后仰，可见，这次实习之旅是一趟充满了笑声的愉悦之旅。

当然，教授只是开个玩笑，幽默一下而已，这就是他广受学生欢迎的原因。

◎ 要笑容常在

在人际交往中，冷漠的脸孔、古板的谈吐总是让人敬而远之，而微笑热情的面容总会让人有亲近的愿望。总板着"八点二十"苦瓜脸的人是不会被人欣赏和欢迎的，而拥有充满笑容的阳光脸的人会使人感觉与他成为朋友是一件让人愉快的事。

日本说话艺术与人际沟通、自我成长的专家福田建先生，曾提出一个生活实验报告："笑容可以招来笑容。"意思是说，当我们以笑脸对着别人时，别人也会以笑容回报，所以有人认为："笑是一种可爱的传染病，被它感染了不但浑身舒服，还快乐无比呢！"福田建还说："'笑脸迎人'不但是一剂人际关系的万能药，还是一剂最好的特效药。"我们不也常说"笑脸迎人，就是菩萨"吗？请记住常带微笑、幽默对人，对人对己都是好处多多。

◎ 要体现关心

除了一张微笑的脸之外，受人欢迎还需要有一颗关心体贴别人的心。

曾经有一位病人牙疼去看牙医，牙医看了看后说："这颗牙已经严重蛀坏了，无法做根治，需要整颗拔掉！"病人问："请问拔一颗牙要多少钱？"牙医回答说："600元。"病人一听大吃一惊地说："什么？拔一颗牙只需短短几分钟就要收600元！"牙医笑道："如果你要慢慢地拔也可以，我可以慢慢地帮你拔，拔到你满意为止。"

在适当的场合，幽默口才可以使你更容易让人亲近，可以消除初次见面的尴尬与不安，可以使紧张的心情松缓下来，从而使你更受别人的欢迎。

幽默是人际交往中的磁石，可以将你周围的人吸引到你身边来；每个人都喜欢与机智幽默的人做朋友，而不情愿与忧郁沉闷、呆板木讷的人交往。做一个幽默的人会让你左右逢源。

手势表情，相辅相成

倘若认为人们交往中表达意思只限于言谈，那就大错特错了。因为，人的整个身体均可透露出内在的语言，而且这种无声的传达方式，往往比有声的语言来得更为真切而直接。

在所有体态语言中，手势语言用得最多，其包含的意思非常丰富。

通常当我们在倾听对方说话而深有所感时，往往会很自然地双手交叉于胸前。然而，若在双方刚开始进行谈话时，便采取这样的姿势，拒绝或不善的含义便相当浓厚了。

◎ **手的动作是语言的必要配合**

在人的身体的各个部位中，手是活动最为灵便的一个部位，人的手势种类繁多，含义丰富。可以说在社交谈话中，灵活多变的手势是身体语言当之无愧的主角。因此，手的动作利用得好坏，往往在很大的程度上决定着身体语言运用得成功与否。

在指点物品时，所指的是较大的物品时，则用全手掌指出；若指的物品比较小，那么只用一根指头，比如食指去指就够了，同时也应注意手心要向下。

除了用手指点物品以外，其他一些类似的用手指示的情形中，也需要手心向下这条原则。

下面再举三个例子，说明运用手的动作时手心的用法。

・在给人带路时，应对别人说："请往这边走。"同时，手指指示路的方向，手心朝向对方。

・向人指示较远处的东西时，应告诉他："在那儿。"手指指向物体所在处，手掌朝上。

・表示否决时的动作是将手举在胸前向外摆动，手心朝向对方。

◎ 手势语言是有声语言的必要补充和强化

手势语言是通过手和手指活动所传递的信息。它包括握手、招手、摇手和手指动作等。

手势语言可以表达友好、祝贺、欢迎、惜别、过来、去吧、不同意、为难等多种语义。比如：双手紧绞在一起，它显示的意思是精神紧张；摊开双手，表示真诚坦率；用手支头，表示不耐烦；用手托摸下巴，表示老练、机智；双手指尖相合，形成塔尖型，表示充满自信；不自觉地用手摸脸、摸鼻子、擦眼睛，是说谎的反映；用手指敲打桌面，表示不耐烦、无兴趣。

在人际交往中握手是一种重要的常用礼节。然而，握手所起的传情达意却比一般礼节性要求的内容更丰富、细腻。如果手势与标准姿势有异，则要研究其握手礼节之外的附加含义。握手既轻且时短，被认为是冷淡、不热情的表示；紧紧相握、压力较重，是热情诚恳的表示，或有所期待的反映；力度均匀适中，说明情绪稳定；握手时拇指向下弯又不把另四指伸直，表明不愿让对方完全握住自己的手，是对对方的一种藐视；握手时手指微向内曲，掌心稍呈凹陷，是诚恳、虚心、亲切的象征；用两只手握住对方的一只手，并左右轻轻摇动，是热情、欢迎、感激的体现；一触到对方的手旋即放开，是冷淡和不愿合作的反映。

二 掌握令人愉快的聊天妙方

在人际交往中,如果不善于聊天,那实在是一件令人尴尬的事。为了人生的快乐与幸福,与人聊天的技巧,不可不知,不可不学。

在聊天时,恰到好处地使用"流行语"会使你丰富自己的谈话色调,同时会有利于与对方交流,赢得对方好感,因此,借助健康的流行语,能够使你更潇洒地与对方交流。

把幽默的口吻用在自己身上,借以表达自己的观点,这样有益于和听者建立亲密的沟通关系。幽默能让对方喜欢上你,进而会乐意听取你的观点、意见和见解。

善于打开聊天的话匣子

"酒逢知己千杯少,话不投机半句多。"与人聊天一定要话题对路,才能知无不言,无话不谈。打开对方的话匣子,话题适宜至为关键。

◎ 聊天的话题就在你身边

假如你在码头上碰见一个熟人,大家一起上船,一时没有话说,这时最方便的办法，就是从当前的事物，也就是双方都同时看到、听到或感到的事物中，找出几件来谈。在码头上，在船上，耳目所及，正有成百上千的事物，如果你稍为留意，不难找出一些对方可能感兴趣的话题，也许是码头上面的巨幅广告啦，也许是同船的外国游客啦，也许是海上驶过的豪华游艇啦，也许是天空飞过的新型客机啦……甚至于在对方的身上，都可以找到谈话的题材。如果他打的领带很漂亮，你可以问他在什么地方买的；如果他身上穿着名牌衬衫，你可以问他这种衬衫究竟好不好，和广告上的宣传是否相符；如果他手上拿着一份晚报，看到晚报上的头条新闻，你可以问他对当前时局的看法等等，不一而足。

如果你到了一个朋友家里，在客厅里看到孩子的照片，你就可以和他谈谈他的孩子；如果他买了一架新的钢琴，你就可以和他谈谈钢琴；如果他的窗台上摆着一个盆景，你就可以跟他谈谈盆景；如果他正患着牙痛，他就可以跟他谈谈牙和牙医，关怀对方的健康……这些都是亲切交谈的话题。可以说，话题无处不在，话题多如江海，话题就在我们身边，俯拾即是。

人际交往中，找到恰当的聊天话题并不难，眼前最容易引起人们注意的事物，只要其中有一样碰巧对方很有兴趣，那么，谈话就可以得到发展的机会了。

◎ 在联想中切入话题

当我们的聊天中断的时候,我们怎样寻找新的话题呢?

在这种时候,不要心急,也不要勉强去找,否则会引起不必要的紧张,反而什么也想不出来了。要知道我们的脑子,只要是我们醒着,它总是在活动着的。你没有要它想,它还是不停地想,由东想到西,或者由天想到地……这种作用,我们叫它作"自由联想"。

譬如说,当我们看到书桌上摆着一盏灯,我们的脑子就会从"电灯"出发,很快地联想到许多别的东西。

也许我们从"电灯"联想到"发明",从"发明"联想到"电影",然后是"演员"——"历史"。

这一切,都是在瞬间发生的,也许只是半分钟内的事。

如果我们继续探究就可以发现,因为我们看见一个电灯,就联想到它是爱迪生发明的,又由爱迪生想到我们看过的电影《爱迪生传》,又由《爱迪生传》想到科学影片,又由影片说到电影明星……在刹那之间,我们已经有了不少交谈的题材,让我们选择。

当然,话题有时引不起对方的兴趣,但是只要我们不心急、不紧张,让我们的头脑在静默中自由地去联想,再过一会儿,我们就可能想到别的话题。

◎ 围绕中心由点及面

倘若你要更进一步,不想东谈一点、西谈一点,从一个主题跳到另一个主题,要想抓住一个主题,把它谈得详尽一点、深入一点、充分一点,那么,也有一个好办法,可以帮助你的思考。

这时你就不要让你的思想自由地去联想，如果已经有一个主题，可以引起对方的兴趣，那么，你就以这个题材为中心，让你的思想围绕着这个中心，尽量地去想与这个主题有关的东西，然后再就这些有关的东西分门别类，整理出鲜明的系统。

例如，你刚刚参观过"自然艺术影展"，有了启发性的联想，已经找到一个使对方有兴趣的题材——植物。如果你想在这个题材上多停留一会儿，你就把"植物"作为中心，尽量去想与它有关的事物。

在这样做的时候，你的头脑也要保持着轻松活跃的状态，那么，就会自然地想出许多与植物有关的事物，例如，热带植物、盆景、秋天植物如菊花等，就可以谈到植物的研究与栽培……

如果你的中心题材是"树"，你就可以想到风景树、花果树、著名的老树、与树有关的成语以及树的各部分的用途……

如果你的中心题材是"交通"，那你就可以想到陆上交通、水上交通、空中交通以及交通工具如喷气机、火箭、太空船……

培养这种思考的习惯，那就无论任何的题材你都能把它分解又分解，分解出无穷无尽的细节，而每个细节都可以用来发展你的话题，丰富交谈的内容。倘若把你所想到的一切结合起你个人的生活经验，那么，你交谈的内容就更真切生动了。

◎ 灵活地转换话题

在交谈中，灵活地转换话题也是一件很重要的事情。即使一个最好的话题也会有兴趣低落的时候，这时，善于交谈的人就懂得在适宜的时机转换话题，不使别人生厌。

转换话题有以下三种很自然的方法。

① 让旧的话题自行消失。当你觉得这个话题已经没有什么新的发展的时候，你就停止在这方面表示意见，让大家保持片刻的沉默，然后就开始另一个话题。

② 在谈话进行当中不经意地插入别的话题，把旧的话题打断。但不要使人觉得太突然，也不要在别人还有话要讲的时候打断它。

③ 从旧的话题往前引申一步，转换到新话题上。例如，大家正在谈一部正在上映的好电影，等到谈到差不多的时候，你就说："这部电影挺卖座，听说有一部新片就要开映。"新片又将吸引大家的注意力，这几句话就把话题转变了，可是大家的思想与情绪却还是连贯着的，所以，这是一个比较灵活妥善的办法。

有时候，交谈本身到了应该结束的时候，即使最有趣味的谈话有时也会因为客观条件的影响，非要结束不可。这时候，你要及时结束你的谈话，让大家高高兴兴地、爽快地分手，不要等到对方再三地看表，不要忽略对方有结束交谈的暗示。否则，无论你交谈内容有多么精彩，对方的心里只有厌烦与焦急，不如让交谈在兴味淋漓的时候停止。

Tips

每一个人的生活里都有许多可以打动别人的事情，倘若其中有些事情正和大家谈的题材有关，把它拿出来作为谈资，这时，交谈的内容就因为加进了个人的亲身经历的材料而更使人觉得有兴趣。

聊天注意内容也要注意方式

谈话时，所谈之言要易于入耳生效，有较强的征服力，必须采用恰当的方式。方式正确，才能"好心不被当成驴肝肺"，收到以柔克刚、以心换心的交际效果。

◎ 和颜悦色地说

当遭到有人火气十足、无端向你撒气时，如果你持谦让态度，柔言相答，结果会"灭火消气"，换来微笑。

某市一家瓷器店里营业员老王面对一位十分挑剔的女顾客，给她拿了好几套瓷器，挑了半个钟头还没选中。因顾客太多，他先照应别的顾客去了。这位女顾客以为冷落了她，便把脸一沉，大声指责说："喂，你这是什么服务态度，你眼睛没看见我先来的吗？为什么扔下我不管？"她把钞票往柜台上一扔，命令道："快给我买，我还有急事！"这话真够刺耳难听的。如果遇上愣头青，和她"较真儿"，非有一场"热闹"看不可。然而，老王并没和她"一般见识"，他安排好其他顾客，和颜悦色地对她说："请你原谅，我们店生意忙，对你服务不周到，让你久等了，我服务态度不好，欢迎你多提宝贵意见。"老王这几句真诚而谦让的话一出口，那位女顾客的脸一下子红了，转而难为情地说:"我说得不好听,也请你原谅。"

老王以"和气"对"火气",表面上"似水柔情",实际上"力有千钧",产生了积极的效果。

"有理不在声高"。话语,并非说得有棱有角、咄咄逼人,才有分量。像上文中老王这种谦让式说法,由于充满了对人的尊重、宽容和理解,这本身就产生了一种感化力,从而引起对方心理变化。"火气"遇上"和气",就失掉发泄的对象,自然就会降温熄火。苏联教育家苏霍姆林斯基说:"有时宽容引起的道德震动比惩罚更强烈。"这说明,以宽容为特点的谦让或说法有强大的征服力。

俗话说:"一句话能把人说笑,也能把人说跳。"那我们就要想方设法把人说"笑",在语言交流中做到语气亲切,语调柔和,语言含蓄,措辞委婉,方式正确,这样自然容易使人感到亲切、愉悦。

◎ 绵里藏针地说

当遇上有人无理取闹时,你不必过分冲动,更不要破口大骂,理智的态度和委婉的谈吐,能帮你转危为安,战胜对手。

一位戴帽子的姑娘在街头碰上几个轻浮青年,其中一位竟伸手摘下了她的帽子。面对挑衅,姑娘又恼怒又紧张,但她马上冷静下来，彬彬有礼地说："我的帽子挺漂亮，是吗？""当然，它和你这个人一样，真美。"男青年挑逗说。姑娘委婉地说："你一定是想仔细看看，好给你的女朋友买一顶吧？我想你绝不是那种随意戏弄人的人。"

她话里有话，温和中深藏开导，委婉中包含锋芒。"当然。"青年有几分尴尬，不由自主地还了帽子，溜掉了。

一场可能发生的危机就这样被制止了。从中我们不但看到姑娘的机智，而且对她的善辩能力留下印象。我们看到，从始至终姑娘没说一句强硬的话，而是用含有"潜台词"的柔言软语，巧于应对，成功地激发了对方的自尊、自爱心理。她用冷静的举止，柔言软语塑造了一个见多识广，不容侵犯的强者的形象，使对方不敢轻举妄动。从这里我们可以领略到，委婉柔言具有"柔中寓刚"的独特威力。

◎ 意味深长地说

当你被对方捉弄了，切莫鲁莽行事，恳求的态度和劝导的语言，将会使你如愿以偿。

曾有一位从内地到广州出差的老先生，在小货摊上被卖货的女青年掏了腰包。老先生钱包不翼而飞，而货摊只有他们两人，明知此事与姑娘有关，但当他说出此事时，姑娘翻了脸："到公安局去告！"老先生冷静一思索，没和她来硬的。他压低声音，恳求地说："姑娘，我一下子买了你五六十元的东西，你怎么能这样对待我呢？我知道，你们做生意的,信誉要紧啊!"这话既有恳求,又有开导,还有暗示,最后一句意味深长,不能不使姑娘深思。他进一步恳求道:"我从内地来,钱包里的钱是一朋友托我买东西的,丢了我怎么交代?叫我到哪里去找钱呢?你就替我仔细找找吧,或许忙乱出错混到衣服堆里去了。我知道,你们个体户是最能体谅人的!"终于姑娘被说动了,她就坡下驴,在衣服堆里找出了钱包,不好意思地交给了他。

恳求,通常是处于弱势地位的人使用的语言方式。然而,此时此刻,它不是低三下四的哀求,而是一种智斗,是一种心理战。老先生针对姑娘并非作案老手,紧紧抓住"信誉"这个要害,以恳求的方式,启发、诱导、暗示、加压,努力唤起她尚未泯灭的良心和同情心,从而使她的正义感、信誉感和同情心占了上风,战胜了贪财的邪念,交出了钱包。

◎ 心平气和地说

当你需要别人帮助时,用命令式的语气,这样也许会使你变得很难堪。如果这时你心平气和地说话,会使你达到目的。

妻子从单位回来,对正在看书的丈夫说:"今天我想加班做件衣服,你是不是去接孩子,再做做饭?"这种尊重的商讨口吻,对方是很乐意接受的。丈夫说:"行,我这就去。"这样说话,不但达到了目的,而且使彼此关系和谐融洽。

那么，如果使用命令强硬口吻会怎样呢？

妻子："喂，我今天要做活儿，你去接孩子，回来做饭！"丈夫一听就火了："你没见我正忙着吗？"妻子火了："忙，就你忙，难道这个家都我包了？"一来二去两个人吵了起来，各自装了一肚子气。

这样的例子在生活中不胜枚举。从人们的接受心理看，盛气凌人，颐指气使，命令口吻，最易引起对方的反感；而对平等商讨、诚恳请求，人们却有一种天然的妥协性。因此，协商口吻比起命令口吻来，更容易改变一个人的观点。在同事、家庭成员之间，应尽量采取这种方式。

我们知道，语言美，是心灵美的具体表现。"有善心，有善言"。一个心灵丑恶的人，语言绝不会美。因此，要掌握柔言说法，首先应加强个人的思想修养和性格锻炼。其次，柔言谈吐，在造词用句，语调语气上有一些特殊要求。比如，应注意使用谦敬辞、礼貌用语，以表示尊重对方的观点、感情，引起好感，尤其是避免使用粗鲁污秽的词语；在句式上，应少用"否定句"，多用"肯定句"；在用词上，要注意感情色彩，多用褒义词、中性词，少用贬义词，以减少刺激性；在语气上，要和婉、文雅。

> **Tips**
>
> 陶铸同志说得好：心底无私天地宽。只有心地纯正的人，胸怀才能宽广，性情才能开朗。当发生矛盾时，才会严于律己，宽以待人，有忍让之心，不斤斤计较。当受到委屈时，才能忍辱负重，不反唇相讥，以眼还眼，以牙还牙。

用流行语为聊天添姿着色

"流行语"就是那些在一定时间、一定范围里高频率地运用于人们口头交际的鲜活新潮的词句。它和着时代的脉搏，折射着生活的灵光，为人们的日常言谈增添着魅力与色彩。

◎ 流行语的特点

流行语并不一定是一个国家或民族的共同语、规范语，它有较强的地域特征。例如香港人把谈恋爱称为"拍拖"；广东人逢人称"阿哥"；南京人说事情好到极点为"盖帽了"；北京人谈吃喝用"开"："走，哥儿们开他两杯！"有些流行语在传播中扩大了范围，如北京人把闲谈聊天叫"侃"，现在其他不少地方也用开了，"没事我们一道侃去！"

大多数流行语往往在一定的年龄、文化水平以及职业的人群中使用，比如在商业界，"看好""看涨""看跌""滑坡""走俏"等词语运用普遍；在演艺圈，"走红""领衔""很性感""搭档"很流行。流行语多数是现有词句的一种比喻、替代、延伸，例如知识分子把从商称为"下海"，改行叫作"跳槽"，撰写文章、搞创作戏称是"爬格子"。

流行语具有较强较浓的时代色彩，沉淀着一定时期内的政治色彩、文化特点与生活气息。比如对别人称自己的妻子，旧时代是"内人""外子""先生""太太"；现代则有"爱人""另一半""老公""老婆"等说法。说一个人样子好、气质佳，以前是"眉清目秀"，后来是"健壮朝气"，现在是"潇洒风流""有魅力""有女人味""man"等。

◎ 流行语的作用

在日常谈话、交往活动中，恰到好处地使用流行语可以起到多方面的作用，具体如下。

① 丰富、更新自己的谈话色调。一个人的谈话色调既包括话题、语调、声音的选择，也指词句的筛选与锤炼。现实生活中有些人与别人交谈时老是一种腔调，老运用一些自己重复多遍、陈旧蹩脚的词句、口头禅，毫无新鲜明朗的气息，给人的感觉是迂腐而沉闷，如鲁迅笔下的孔乙己，"之乎者也"不断；又像《编辑部的故事》中的牛大姐，官腔套话不离口。跟上时代的步伐，注意吸收运用流行的词句，可以使自己的谈吐变得丰富多彩，永远保持谈话色调的生机、活力，使话语常讲常新。

② 拉近沟通距离，赢得别人好感。愉快顺利的交谈活动，往往

离不开流行语的使用。比如称呼别人,以前多是"师傅""同志""××长",现在多用"女士""先生""小姐""老板",这样更能增强谈话双方的亲近感、尊敬感,使交谈始终处于自如轻松的状态,不致因过于拘谨、正儿八经而影响沟通,引起别人反感。

③ 幽默逗趣材料,增添生活情趣。生活是五彩斑斓的万花筒,人们常在一起聊天、玩笑,少不了流行语的点缀。

◎ 流行语的收集

流行语怎么来的?或许有人会问。其实,流行语不是哪位名人或语言学家创造发明出来的,我们每个人都可以留心于生活,留心于别人的言谈,并借鉴发挥,推陈出新,启动灵感,随口说出。平时不妨从以下几方面去搜集学习。

① 从电视电影里学。当代影视与人们的生活愈来愈贴近,不少精彩对白、主持人的即兴妙语、广告好词令人赞叹不绝,我们可以从中借鉴。

② 从港台语言中学。开放的大潮也融入了港台的新鲜流行语汇。如"真性格""好帅""当心公司炒你鱿鱼哟"等,不妨一借。

③ 从流行歌曲中学。许多流行歌曲不但能唱出人们的真情、心声,而且吐词通俗,生活气息浓。例如:某男士谈恋爱,刚接触对方,生怕对方看不中自己的外表,灵机一动,说道:"我知道我很丑,可是我很温柔。"他妙用了赵传的一首歌名,很快赢得姑娘的好感。结合讲话的场合、语境、心境,信手拈来,适时穿插,一定情趣斐然。

④ 从报刊用语里学。如某报上曾有一篇题为《检察机关浑身是

眼》的文章，某位善谈者巧借活用，与人评论小偷："他浑身是手，什么不偷？"假如有人蒙受不白之冤，事过境迁，真假莫辨，多次申诉，也得不到解决，怎么跟人说？"咳！你就是浑身是嘴，也说不清呀！"岂不妙哉！

⑤ 从方言俚语中学。方言俚语表达含蓄，俗得够味，很受人们喜爱。如"没治"在北京话是好到绝顶之意，有人看聂氏下棋："聂卫平这盘棋赢得没治了！""磨牙"在北方方言中是费口舌之意，我们也可以拿来运用，如："还磨牙什么？快走吧。"

运用流行语必须适合交谈对象的年龄、知识水平以及听话背景。例如某研究生对他的同学讲："喂，你的'秋香'来了！"这里"秋香"是对象的意思，大学校园里谁都懂，但如果到偏远农村去说，不少人还以为是什么商品呢。

掌握好分寸，插话不能失礼

在与人聊天时，中途插嘴不对，但一言不发也不对。对方说到关键的时刻，说完后，你只看着对方，而不说话，对方会感到很尴尬，他会以为没有说清楚而继续说下去。所以，掌握好插话的分寸很重要。

　　有些人在别人说话时，唯唯诺诺，仿佛都听进去了，等到别人说完，却又问道："很抱歉，你刚才说些什么？"对他来说也许只是一时心不在焉，听漏了重点，对说话的人却是件很失礼的事。

　　倾听对方说话的神情也很重要。听别人说话时，眼睛却望着地下，或嘴巴微张，呆呆地听，甚至重复发问好几次，都会给人留下不好的印象。

　　人们常会轻率地问："刚才这个问题的意思，能解释一下吗？"或者不经大脑就说："我不太了解刚才这个问题的意思。"这些话都不算得体，你不妨这样表示："据我听到的，你的意思是否是这样呢？"

　　即使你真的没听懂，或听漏了一两句，也千万别在对方说话途中突然提出问题，必须等到他把话说完，再提出："很抱歉！刚才中间有一两句你说的是……吗？"如果你是在对方谈话中间打断，问："等等，你刚才这句话能不能再重复一遍？"这样，会使对方有一种受到命令或指示的感觉。

　　俗话说："听人讲话，务必有始有终。"但是能做到这一点的人却不多。有些人往往因为疑惑对方所讲的内容，便脱口而出："这话不太好吧！"或因不满意对方的意见而提出自己的见解，甚至当对方有些停顿时，抢着说："你要说的是不是这样……"由于你的插话，很可能打断了他的思路，要讲些什么他反而忘了。

　　中间打断对方的话题是没有礼貌的行为，有时会产生不必要的误会，说不定对方会想：那么你来讲好了。

　　在宴会、生日舞会上，我们时常可以看到朋友正和另外一个不认识的人聊得起劲，此时，每个人都存有加入进去的想法。而实际上呢？你只不过是想听听他们到底在讲些什么罢了。

但是，一方面你们不知道他们的话题是什么，而且你突然地加入，可能会令他们觉得不自然，也许因此话题接不上，而觉得你很没礼貌。

如果碰到这种情况，你最好等他们说完再过去找你的朋友，即使真有事必须当时告诉他，给他一些小小的暗示，他就会找机会和你讲。

有一点要注意，不要静悄悄地站在他们身旁，好像在偷听一样，尽可能找个适当机会，礼貌地说："对不起，我可以加入你们吗？"或者，大方地、客气地打招呼，叫你的朋友介绍一下，就能很自然打破这个情况。千万不要打断他们的话题，也不要制造尴尬的气氛。

一个精明而有教养的人与人交谈，即使对方长篇大论地说个不休，也绝不会贸然插嘴，因为突然打断他人的言谈，不仅是不礼貌的事，而且容易引起对方不悦，使得什么事情也不易谈成。

耐心地倾听，拉近彼此的距离

在谈话的过程中，如果能耐心地倾听对方说话，这就等于向对方表示了你的兴趣，等于说是告诉对方"你说的东西很有价值"或"你很值得我结交"。无形中，你让说者的自尊得到了满足，使他感到了自己说话的价值。反过来，说者对听者的感情就会发生一个飞跃，"他能理解我""他真是我的知己啊"，于是，二人心灵的距离缩短了，交流使两人成了好朋友。

那么如何做一个听话能手，在交际场合中大展魅力呢？

首先要认识到认真听是最重要的。认真而仔细地倾听对方谈话，是尊重对方的前提，有了前提才会有真诚的交流。

在北京一家大商场发生过这样一件事，一位顾客前几天买了一件西服，因为它脱色而要求退货，但是售货员不肯，于是两人争执了起来，闹得很不愉快。这时，经理闻声赶来了，几句话就使言语激动的顾客恢复了平静，最后争执得到了妥善的解决。他的方法只是倾听，顾客和售货员对刚才的事都有满肚子怒气。经理为了表示尊重顾客，让顾客先说，他站在一旁静静地听。然后让售货员说，经理也是站在那里静静地倾听。两个人的意见都得到了经理的认真对待，因此二人都感觉刚才失去的自尊多少挽回了一些，因此气也平了许多，对"西服脱色"这一事件也开始客观认真地对待。

经理再自责一番,向顾客表示,刚穿上这种西服,感觉上颜色是要变些,但过了一段时间,颜色就开始固定,并希望顾客不要退,拿回去试一试,两周以后若再脱色,商场保证退换。这位顾客终于拿着西服走了,后来再也没来退货。

看来做一个谦虚忍耐的听者,是谈话艺术当中一项相当重要的条件。因为能静坐聆听别人意见的人,必定是一个富于思想和具有谦虚柔和性格的人。这种人在人群之中,起初也许不大受注意,但最后则是最受人尊敬的。因为他虚心,所以,为任何人所喜悦;因为他善于思维,所以,为众人所信服。

当然,更要专注。别人和你谈话的时候,你的眼睛要注视着他,无论对你说话的人地位比你高或低,眼睛注视着他,是一件必要的事情。只有虚浮,缺乏勇气或态度傲慢的人才不去正视别人。别人对你说话时,不可做一些绝无必要的小动作,使对方认为他的话无关紧要。

转移话题,巧避聊天中的冷场

冷场无论对于交谈、聚会,还是议事、谈判,都是令人窘迫的局面。在人际关系中,它无疑是一种"冰块"。打破冷场的技巧,就是转移注意力,另换话题。

◎ 出现冷场的原因

在聊天过程中，由于话不投机或不善表达，常出现冷场的情况，冷场一般出现在双方聊天缺乏内在动力、不感兴趣的情况下。谈话的话题是否有趣有益和冷场的出现有很大的关系。"曲高和寡"，会导致冷场；"淡而无味"，同样会引起冷场。在交际活动中，如果当事人一时没有什么需求的欲望，那么，会话在这个时候就成了多余的事，冷场便不可避免。

另外一些易引起冷场的原因还有：在交际场上，当人际吸引力不强或存在沟通的心理障碍时，当心境影响人际认知与情感交流时，当情境因素发生作用（如环境使人产生共同的压抑感或沉默情境感染旁人等）时，等等。

有人作了分析，认为聚首者之间存在以下十种情况时，最容易因"话不投机"而出现冷场。

- 彼此不大相识。
- 年龄、职业、身份、地位差异大。
- 心境差异大。
- 兴趣、爱好差异大。
- 性格、素质差异大。
- 平时意见不合、感情不和。
- 互相之间有利害冲突。
- 异性相处（尤其在单独相处时）。
- 因长期不交往而比较疏远。
- 均为性格内向者。

◎ 避免和打破冷场的技巧

冷场是聊天即将失败的一个征兆，所以，谈话双方对可能出现的冷场，要有一定的预见，并采取措施加以预防。不希望出现冷场的交谈者（或主人、主持者），应当事先作些准备，使自己有一点"库存话题"，以备不时之需。比如，举行座谈会，可精心挑选出席对象，既要考虑与会者的代表性，也要考虑与会者的可能发言率，以免坐而不谈。有时，甚至还可预先排定座次，尽量不要让最可能出现冷场的几种人坐在一起，使说话少一点拘束。同时，还要将健谈者与寡言者适当地相互搭配。这样就可借助组织手段，尽量避免出现冷场。

例如，年龄大的人喜欢回忆往事，可以同他们聊聊本地市政的沿革、民情的变迁、风俗的演化等。由于掌故颇丰，他们往往会油然而生浓郁的谈兴。或者，如果没有别的话题，那么不妨向他们询问一下其子孙儿女的近况，一般都能撬开老年人的话匣子。年轻人性格活泼，爱好广泛，音乐、电视、美容、旅游等都可激起他们的谈兴。

企业家不喜欢在休息时多谈生产，作家不讨厌对自己作品兴致勃勃的议论；卓有成就者愿意畅谈奋斗的历程，事业失败者懒于提起不走运的往事……总之，打破冷场的话题，"聚焦点"要准，"参与值"要高，即话题应是共同关心、能引起注意、人人可参与意见的话题。另外要注意如果话可能使在场者（哪怕只有一位）窘迫或不快，即使可立即引起众人议论，也不宜作为打破冷场的话题。比如，某人近期丧子，一般就不要当着他的面大谈儿女之事，以免勾起他的伤感。否则,"一人向隅,举座不欢"。

避免冷场是谈话双方共同追求的,但万一出现冷场时,还是要有些准备。如果你作为会话的一方,你可以用下面的做法打破冷场。

·立刻向对方介绍一个人、一件事或一样东西,以转移大家的注意力,激发他们重新开口的兴致。

·提出一个人人(至少是多数人)都感兴趣并有可能参与意见、发表看法的问题,重引话题。

·开个玩笑,活跃一下气氛,再巧妙地转入正题。

·用聊天的方式,同一两个人谈谈家常,问问情况,"明修栈道,暗渡陈仓",引出众人关注的话题。

·故意挑起一场有益的争论。

·就地取材,对环境、陈设等发表看法,引起议论。

关心、体谅、坦率、热情,是打破冷场的最有力"武器"。只要以这样的态度去努力,"坚冰"可以融化,僵局不难打破。希望你在会话遇到冷场时,能够以这种态度,去运用相关的技巧,作一次成功的"破冰"尝试。

三 在交谈中善于倾听与呼应

01

倾听他人说话的基本要求

倾听的基本要求主要有如下几个方面。

◎ **集中注意力**

把自己的知觉、情感、态度全部调动起来，投入地听，全神贯注地听，不做无关的工作。用心去体验对方谈话所及的情景。

◎ **听出对方讲话的主旨**

注意听清对方话语的内在含义和主要思想观点，不要过多地考虑对方的谈话技巧和语言水平，不要被枝节问题所纠缠。

◎ **注意说话者的神态、表情、姿势**

尽量"听懂"谈话者的非语言符号传递出的信息，以便能比较准确地了解对方的弦外之音，话外之意。

◎ 适当地作出回应

恰当地提出问题和插话，表明你对对方所谈内容的关心、理解、重视和支持，但不要打断对方的谈话。

◎ 不要让说话者出现冷场

如果说话出现冷场，可以接着说话者所说的内容用"为什么""怎么样""如何"等疑问句发问；要真诚地鼓励和帮助对方寻求解决问题的途径。

◎ 回味说话人的观点、意图

由于听话的速度比讲话快（例如，英语每分钟只能讲175个词，而每分钟却能听450个左右的词），应随时利用时间间隙将讲话人的观点与自己的观点比较，回味讲话人的观点、意图，预想好自己将要阐述的观点和理由。

◎ 注意检点自己的体态语言

身体应当稍稍倾向于对方，面带理解性的微笑，并用点头或"真的？""是吗？""确实如此？""太棒了！"等短句给讲话者以支持和肯定。

把握社会地位不同时的倾听态度

人们在交谈、交往中由于所处的不同社会角色地位，而形成的交谈双方的不同关系往往会影响倾听。一般来说，在交谈双方社会地位相同时，双方相互间能以完全平等的态度进行交谈，在这种情况下，比较容易倾听对方的谈话。在交谈双方社会地位不相同时，往往有两种情况。

一是听者的社会地位高于谈话者。比如上级对下级，师长对晚辈、学生等。在这种情况下，听者一定要特别注意听的诚意与态度。通常属下找领导谈话，一定有其原因，领导必须以关心、真诚的态度认真地听，即使对方发牢骚、抱怨，也不要冷淡待人，更不能责备。了解了对方的真实愿望、意见、想法后，可据此作出确切的判断，给予合情合理的答复。肯花时间认真倾听属下意见的上级，是真正关心他人、值得依赖的人。

二是听者的社会地位低于谈话者。比如下级对上级，晚辈、学生对师长等。在这种情况下，一般人都会认真地听，有时可能还要在本上记几句。遇有不懂之处，可请对方作适当的重复与解释。切忌唯唯诺诺，点头哈腰，显出一副卑躬屈膝的样子。因为谈话双方无论社会地位上相差多么悬殊，在人格上是完全平等的。保持平等的态度才能使谈话得以顺利地进行，从而建立较好的关系。

注意倾听中的神情和态度

一般而论，任何人都会对诚心诚意倾听自己谈话的人产生感激之情，从而开启心扉，倾吐真情实意。所以，在交谈过程中，不仅要让自己的话说得更得体，还要注意用聆听来赢得对方。倾听时注意自己的神情和态度，是谈话成功的一个要诀。

◎ 要会心地听

即在聆听别人谈话的过程中，要以丰富的表情，恰当的语言，合适的手势作出反馈，使说话者感到自己的思想和观点得到了认同和尊敬；讲到动情处也应该以相应的面部表情表示呼应；讲到疑惑处，也应该以摇头或叹息表示关注……这样就使得整个交谈过程显得非常和谐融洽，成为一个流动的整体。

◎ 要虚心地听

不要随便打断别人的谈话，更不能以言论和表情对他人进行攻击和讥讽，即使你不同意对方的观点，也最好等对方的话说完或告一段落后再发表自己的意见，同时要选择恰当的语言辅之以相应的表情来陈述自己的观点，如"您的见解确实有根据，不过能否这样说……""我也曾思考过这样的问题，看这样说是否也有一定的道理……"等。在发表完了自己的观点后，还要以适当的措辞予以总结，像"这只是我个人的一点浅见,请多多指教""我的思考还很不成熟,在这里也只是想抛砖引玉""这是我的一点感想,其中包含着很多疑问,希望您能指点迷津"……无论如何,虚心地聆听别人的谈话,就必须本着商榷的原则,作出求教的神态,把握语言措辞。

◎ 要耐心地听

在交谈过程中常常会遇到这样的情形,即发言者所谈的话题并不是你感兴趣的,或者是你早已经熟悉的内容,还可能是内容冗长不生动的言谈。但是从人际交谈的礼仪着眼,作为听话人都应当控制自己的情绪,尽管心中有厌烦但也要努力控制,不要流露出来。如果有可能的话,也可以尝试着插话转移话题。

按照交谈礼仪要求,做一名合格的听众并非易事,但是你要从"人同此心,心同此理"的角度,设身处地地为他人着想,调换视角作"换位"思考,这样就容易正确把握自己,尊重他人之言了。

聆听他人谈话有禁忌

在社交活动中，聆听他人的谈话是一个非常重要的环节，而善于听别人发言亦可上升为一种难能可贵的交际艺术。聆听更强调的是听话者在神情和态度上要聚精会神，谦恭得体。具体来说，在聆听的过程中，作为听话者要切忌以下几点。

◎ 漫不经心地听

即在听别人谈话时，总是摆出一副东张西望、左顾右盼、心不在焉的神态，或者一边在听别人谈话，一边却在做另外的事情，这种神态所显露的内涵要么是对谈话的内容不感兴趣，要么是对谈话者表示轻视，无论如何都是没礼貌、没教养的表现。

◎ 严格挑剔地听

这种方式是指听话人总是喜欢摆出"检察官"的神态，威严地注视着谈话者，或者像一名考官一样总是试图从谈话者那里挑毛病、找漏洞，而完全忽视了别人谈话中所包含的有用的信息。进而用不礼貌的方式突然插话打断别人的谈话，随意纠正或反驳他人的观点，自以为是地进行完善与补充，甚至还用嘲讽的语言讽刺谈话者。这种聆听方式是最无礼、最不受欢迎的听话方式。

◎ 反客为主地听

虽然我们强调人与人的交谈过程中并没有严格的主、客限制，但是在具体的场景中，说话者与听话者的角色还是有着最起码的规定。反客为主式地聆听是指聆听者总是在谈话过程中喜欢抢别人的话题，随意插话，而且不谈则已，一开口则没有限制，口若悬河，滔滔不绝，汪洋恣肆，口无遮拦，完全忽视了谈话对象的存在，这种听话方式从根本上背离了倾听的宗旨，特别容易令人生厌。

僵滞呆板地听与认真倾听是不同的。这种倾听是指在聆听别人谈话时面无表情，毫无反应，或自始至终都是一种表情，使谈话失去了交流、沟通的特色，变得非常呆板，了无生气。因此，它是聆听的禁忌之一。

及时地进行呼应，倾听中表现尊重

在倾听对方说话的过程中，善于与对方进行呼应，不仅是对对方的尊重，而且会使交谈更加融洽。呼应的方式包括眼神的呼应、情感的呼应以及运用赞美进行呼应等。

◎ 善于用眼神呼应

"眼睛是心灵的窗户。"人们可以用不同的眼神,来表达不同的思想感情。兴奋、喜悦、悲苦、怨愁、恐惧、失望、猜疑、烦闷等情感均可以从眼神中一览无遗。例如,人们常常用美丽、温和的眼神来表达友好和善意;用双目圆睁、烈火般的眼神表达内心的愤恨;用脉脉含情的眼神表达爱恋;用楚楚动人的眼神表达喜爱;用轻蔑傲慢的眼神表现自负;用闪光、明亮的眼神表现智慧、灵气;用坚定的眼神表现无畏坦诚。一个人目光炯炯有神、熠熠生辉,表明他心境愉快,信心十足;相反,一个人愁眉难展,眼神呆滞,说明他缺乏自信,精神颓废。

在谈话过程中,用目光注视对方是一种起码的礼仪要求,能让目光随着谈话内容的发展而变化,是这种礼仪的延伸。任何人都有这样的体会,凡是那些愿意认真用眼神与我们谈话保持呼应的人都会受到我们的尊重。我们决不会喜欢那些与我们谈话时东张西望、心不在焉、"眼观六路,耳听八方"的人。我们还可能有这样的体会,一些本来比较枯燥的琐事,本不想与人细讲的,但如果有人能用眼睛"启发"我们,我们就不自觉地巨细无遗地谈出来。由此可见交谈时,注视对方是十分重要的。

用目光注视对方时,应是自然、稳重、柔和的,而不能死死盯住对方某一部位,或不停地在对方身上"扫射"。

在交谈过程中,有时可能出现双方目光对视的情况,这时最好稳重一点,不要惊慌,也不必躲闪,自然地让其对视 1～3 秒钟,然后再缓缓移开去，就可以了。那种一触及对方目光就慌忙移开的做法是拘谨、小气的表现，会影响谈话的正常进行，引起对方猜疑，也是很不礼貌的。

在交谈中运用眼神，是一门需要刻苦学习的艺术。那些自有生以来除了嘴唇的颤动之外没有别的语言的人，如果学会了眼睛的语言，则表情的变化将是无穷无尽的。

◎ 善于进行情感呼应

谈话之道，既要态度自然，措辞文雅，还需要用一定的语言来表达富于理解和同情的精神，唯有充满着温暖和同情的言语，才能够激起他人的注意。假使你在谈话中的表现是寒情、冷意的，那是抓不住他人的注意的。如果交谈双方能通过相互呼应形成心理上的某种默契，无疑会使交谈的话题更广，内容更为丰富。

当对方谈到与你的观点基本一致之处，你应当点头称是，用"我也有同感！""很好，真是英雄所见略同！"等话语呼应；当对方讲到兴奋、喜悦之处或笑话幽默之时，应面带笑容，用"太有意思了！""太逗了！"等语言呼应；当对方叙及有关紧张、恐怖的事情时，应面带思虑或紧张，用"真吓人！""天哪！"等语言呼应；当对方叙说忧愁、感伤的往事时，应面露伤感，同情与思虑，可用"换了我，我真不知该怎么办！""真是太难为你了！"等语言给以呼应。如果你在对方如泣如诉之时表现出兴奋、欢悦；在对方如诗如歌时，表现出忧愁，这些都是失礼的表现，对方就会觉得话不投机，就会闭口不言。

能保持情感呼应与语言呼应的关键或者说诀窍就在于进入角色,设身处地地站在对方立场上思考问题,随着对方的感情变化而变化,暂时忘掉个人的喜怒哀乐。这样,就可以营造谈话的良好气氛,做一个受欢迎的谈话对象。

◎ **运用赞美进行呼应**

在交谈过程中,适当地赞美对方也是一种重要的呼应方式。适当地赞美,恰如人际关系的润滑剂,使交谈双方彼此融洽和谐,心境美好,有利于相互交往向积极肯定的方向发展,也能够赢得对方友好的回报。

赞美呼应并非一味肉麻地恭维对方,而是本着尊重对方、鼓励对方、创造友好交往气氛的宗旨。适当的赞美主要应体现在这样几个方面。

一是赞美对方应真心实意、诚恳坦白、措辞适当、任何夸大的话忌出口。如不要用"你是世界上最真诚的人""你是最大公无私的人""你是我们见到的最漂亮的人"等语句去赞美对方,以免令人生厌。

二是不要无缘无故地赞美。当然,也不要轻易地或过多地赞美。

三是赞美要讲究方式。可以用直白的方式赞美对方,如当面以明确的语言赞美对方的观点、行为、气度或拥有的物品;也可以采取间接的含蓄的赞美,即运用语言、眼神、动作、行为等向对方暗示自己赞赏的心情,如公众场合请对方签名留念,对对方的见解点头赞许等。

在此需要特别强调的是,在人与人的语言交流中,不论是插话还是呼应对方讲话,都要本着适时、适度、必需的原则,做到正确把握,恰当处理,以求产生积极的效果。

CHAPTER 7

CANYIN
LIYI

第七章

餐饮礼仪

餐饮在社交活动中起着增加双方了解、增进彼此友谊的重要作用。与人同餐共饮要体现出良好的文明素质，表现出礼貌的待客之道。无论是中餐还是西餐，就餐者都要正确地使用餐具，都要注意进餐中的形象，都要讲究礼敬谦让，从而表现出良好的风度与文雅的形象。

一 中餐的礼仪

中餐礼仪,是中华饮食文化的一个重要组成部分。它主要体现一种人文精神,要求不能只顾自己吃得舒服,更重要的是要给予客人方便,增添客人的兴致,所以要特别讲究进餐中的待客礼节。

遵守宴会入席的规矩

吃中餐入席很有讲究,大家常常看到,宴会开始前,宾主往往要出于礼貌谦让一番。有时推推让让花费不少时间,其实就是分清谁尊谁卑,讲究礼仪。一般来说,谦让就是让谁坐首席。依照中国敬老尊贤的习俗,首席应该长者就座。所谓首席,是指进门对面的那个位置。在宴会入席时,大家都得等主客在首席坐定后才好就座。下面就我国中餐宴会的席位和座位安排作一简略介绍。

◎ 桌次的排列

中餐宴会多用八仙桌,现代民间宴会一般都用圆桌。在安排多桌的桌次时,遵循的规则有三条,一是面门定位;二是以右为尊;

三是以远为上。这里的以远是指离门远。两桌以上的宴会，桌子之间的距离要适当，各座位之间的距离相等。

安排桌次还应视客厅具体形状来布置。一般来说，长方形的客厅采用横排或直排利用率较高；正方形的客厅采用花排更为美观。

◎ 席位排法

中餐宴会的座位，一般正面对大门的座位是主人座，主人右边的位子为主宾，主人左边为次宾，剩下的以此类推。

关于家宴和便宴，各地情况有些不同，比如有的地方不是以右为尊，而是以左为尊，可根据具体情况来确定。碰到这种情况，大门正面对的座位还是主人座，左边为主宾，右边为次宾，剩下的以此类推。

民间通常还须遵照下列规定。

① 出席者都是平辈，年长者在前，年幼者在后。宾主人数超过两桌时，主人坐第一席首座，以便把盏。

② 出席者辈分有高低，按辈分高低依次入座。

学会正确使用中餐的餐具

与西餐相比较，中餐的一大特点，是其餐具有所不同，而且各种餐具在用途上往往还有许多的讲究和门道。中餐餐具，即用中餐时所使用的工具。一般情况下，它分为主餐具与辅餐具两类。

◎ **主餐具**

中餐的主餐具是指进餐时主要使用的往往必不可少的餐具。主要有：筷、匙、碗、盆，等等。

① 筷子。使用筷子，首先要方法正确。一般以右手持筷，以其拇指、食指、中指三指前部，共同捏住筷子的上部约三分之一处。使用筷子取菜用餐时，要注意下列问题：一是不"品尝"筷子，二是不跨放筷子，三是不插放筷子，四是不舞动筷子，五是不滥用筷子。

② 汤匙。使用勺子时，有四点注意事项。一是暂且不用勺子时，应置于自己的食碟上；二是用勺子取用食物后，应立即食用，不要把它再次倒回原处；三是若取用的食物过烫，不可用勺子将其折来折去，也不要用嘴对它吹来吹去；四是食用勺子里盛放的食物时，尽量不要将勺子放入口中或反复吸它。

③ 碗。碗在中餐里主要用于盛放主食、羹汤。在正式场合用餐时，用餐的注意事项有五点：一是不要端起碗来进食，尤其是不要双手端起碗来进食；二是食用碗里盛放的食物时，应以筷、匙加以辅助，切勿直接下手取用，或不用任何餐具以嘴吸食；三是碗里若有食物过剩时，不可将其直接倒入口中，也不可用舌头伸进去乱舔；四是不宜往暂且不用的碗里乱扔东西；五是不能把碗倒扣过来放在餐桌之上。

④ 盘。盘子在中餐中主要用以盛放食物，其使用方面的讲究，与碗略同。

◎ 辅餐具

中餐的辅餐具指的是进餐时可有可无、时有时无的餐具。它们主要在用餐时，发挥辅助作用。最常见的中餐辅助餐具有：水杯、湿巾、水盂、牙签，等等。

① 水杯。中餐中所用的水杯，主要供盛放清水、汽水、果汁、可乐等软饮料时使用。需要注意的是，一不要用之去盛酒，二不要倒扣水杯，三是喝入口中的东西不能再吐回去。

② 湿巾。湿巾只能用来擦手，绝对不可用来擦脸、擦嘴、擦汗。擦手之后，应将其放回盘中，由侍者取回。

③ 水盂。有时，品尝中餐者需要手持食物进食。此刻，往往会在餐桌上摆上一个水盂，它里面的水不能喝，而只能用来洗手。

④ 牙签。牙签主要用来剔牙。用中餐时，尽量不要当众剔牙。

检点自己的"吃相"

在餐桌上最要紧的是要检点自己的"吃相"。

在饭店宴请时，用餐前服务员一般要为每人送上一方热的湿毛巾，供进餐者擦拭双手，但不宜用于擦脸、脖子和手背。擦完之后，应将双手的腕部靠于桌缘。如桌面设有餐巾，当主人示意用餐开始时，方可将餐巾全部打开或打开到对折为止，平摊在自己膝腿上。中途离座，应把餐巾放在座椅上，只有进餐结束时，方把餐巾自然地放回桌上。

　　古语说："主不请，客不尝。"上菜后，待主人说"请"，再动手夹菜。取菜要适量，不要显得过于贪婪。如主人向客人敬酒，应起立回应，喝过酒后再开始吃菜。吃东西时应一小口一小口地吃，咀嚼要闭嘴不要发出声来，吧唧嘴会令人讨厌；不要一边嚼食一边说话，也不要左手拿匙、右手拿筷"双管齐下"。进餐中，嘴里的骨头和鱼刺应用筷子夹放在垫盘上，吃剩的菜，用过的勺，也应放在垫盘内。就餐的整个过程中，都要注意礼让，注意关照邻座的宾客。

　　良好的餐桌礼仪不仅要求就餐者注意"吃相"，还要善于交谈。交谈时宜选择轻松、愉快的话题并遵守交谈礼仪，不高声大笑，不窃窃私语，不谈论隐私及过于严肃的话题。

给客人让菜务必适度

　　出席宴会，并不是一件轻松的事情。在觥筹交错之际，进餐的方法和谈吐举止正向人们昭示着自己的修养与品格。古往今来，餐桌都是社会交际的重要场所，因而餐桌礼仪历来为人们所重视。

　　为了表示对客人的尊敬和活跃餐桌上的气氛，作为主人应主动劝客人用菜。一般要做到以下几点：一是当一道菜端上桌时，主人可简单介绍一下这道菜的色、香、味等特色，当客人对这道菜表示特别的兴趣时，还可简单介绍其烹调方法。与此同时应热情招呼客人动箸。二是如餐桌上的客人有主次、长幼之别时，每道菜上来，主人应先请主客或长者首先品尝。三是当客人出现相互谦让、不肯下箸的情况时，主人可站起来，用公筷、公匙为客人分菜。分菜应先分给主宾、长者，后依就座秩序分给他人；分菜要注意适量和客人的口味，如客人婉谢就不必强人所难。四是有些菜肴用筷子分不开，可借助刀叉。

> 让菜看似简单，其实大有学问。让菜让得好，客人才能吃得好。如果毫不礼让，会让客人感到尴尬，后悔出席宴请；如果过度礼让，又会让客人觉得主人虚伪，做作。

讲究宴会中的饮酒之礼

正式一点的中餐都叫酒席，足见酒也是宴会中主要的一项。饮酒一般在正菜上席前即开始，饮酒中有一些礼仪细节值得注意。

饮酒一定要等主人说"请用"后或举杯敬酒后才开始喝酒。此后，你可以敬主人，也可以敬同席的其他客人。在开始吃菜前，客人不可自酌自饮。

如果主人有各种类型的酒，你可以选择自己喜欢喝的那种。身为客人不应要求主人非得提供哪一种酒，这种无理要求是不礼貌的。

酒最好慢慢喝，猛灌总是不雅观的。喝酒的速度尽可能不要超过宴请自己的主人。慢喝也是一种很聪明的防醉方法。

在宴席中，把酒杯弄倒，洒得满桌是酒，甚至酒杯掉在地下，是很尴尬的事。如果不小心把酒泼在桌上、地上或别人的衣服上，要尽可能悄悄地处理，此时，正确的做法是示意服务员帮忙，或请他给你一块抹布就行了。

喝酒时要避免失态，因此必须时时保持清醒，要适可而止。

中国人在酒席上，应当保持我们中华民族热情好客的优良传统，提倡劝者尽其情，饮者度其量，文明敬酒与饮酒，使宴会在友好的气氛中进行，在愉快的氛围中结束。

熟悉宴饮中的祝酒之礼

祝酒，是人们交往中的一种祝愿的形式。每逢吉庆佳节或生活中值得纪念的日子，亲友团聚一起，以酒助兴，使气氛更为热烈，感情更为融洽。在祝酒中要配以祝酒词，使人们从中得到良好的教益和积极的启发。朋友之间的祝酒，都是一般的祝愿，如"祝你生日快乐！""祝你身体健康！"等。

同时，招待外宾也要祝酒，这是一种礼仪。三人的祝酒词措辞需要仔细斟酌、自然得体。

祝酒应举杯互祝，除非坐得太远，否则应以碰杯为礼。在传统的宴席上，主人以酒敬宾客，称为"献"；宾客回敬，称为"酢"；主人劝饮，称为"酬"，所以通常把宴饮之礼称为"酬酢之礼"。

宴饮时不陪饮而让客人自酌自饮，会被人指责为失礼。当宾客很多，主人无法分身时，每桌都还得安排一个人代表主人陪饮，好让客人吃好喝好。

巧致祝酒词活跃气氛

交际活动中的宴会，免不了相互祝酒，一是为了加强了解，增加感情；二是为了活跃聚会的气氛。祝酒词有即兴发言，也有准备稿子的；通常的祝酒词分为四段：开头一段、结尾一段、中间两段。

万事开头难。开头除称呼外，还要表达欢迎、感谢、祝贺等各种致意。

结尾也不容易。结尾往往以表达决心、信心、希望和其他祝愿之词结束。

开头和结尾都是客套话,似乎是老一套。如何使老一套不落俗套,那就要看当事人的口才了。

且看某市市长出访德国马尔巴赫市,在欢庆两市成为友好城市的晚宴上的一段致词:"让我端起金色的葡萄酒,在诗人席勒的故乡,用他著名的《欢乐颂》里的一段话,为我们已经签订的盟约干杯!'巩固这个神圣的团体,凭着这金色美酒起誓:对于盟约要矢志不移,凭星空的审判起誓。'"

这段祝酒词风格独特。它突出该市是席勒的故乡这一典型特征,引用席勒的名诗名句,把酒会的欢乐气氛及双方长期友好合作的愿望表达得淋漓尽致。

中间两段一般是赞扬对方和介绍自己。赞扬对方既是对对方的尊重,又是一种礼貌,如尼克松1972年访华时,赞扬我国长城;撒切尔夫人1982年访华时,赞扬中国是很多科学发明的发源地。在祝酒词中适当介绍自己是提高自己知名度的好机会。介绍内容须根据具体对象,择词而用,灵活机动,不拘一格。

祝酒词要有文采。适当引用成语、名言、典故、诗词,话语幽默,能使讲话更有感染力。

1984年,缅甸总统吴山友访问上海,上海市长在祝酒词中引用了陈毅元帅《致缅甸友人》的诗句:"我住江之头,君住江之尾,彼此情无限,共饮一江水。"大家都知道中缅交界只有一江之隔,两岸人民共饮一江水。话语亲切,表达了中缅两国人民之间的情谊,外宾当然十分高兴。

总而言之,在祝酒词中适当引用一些词句,可以起到旧曲新翻的作用,使宴会在愉悦中一步步达到高潮。

一篇文采飞扬的祝酒辞胜过满桌酒席。例如,一位中央领导访问朝鲜,在告别宴会上祝酒时,引用李白《赠汪伦》诗中"桃花潭水深千尺,不及汪伦送我情"的诗句来热情赞誉主人的深情厚谊,这赢得了朝鲜人民的认同。足见,"说了"什么,比"吃了"什么更重要。

酒桌之上更要重礼讲礼

好酒的人,很容易在酒桌上交到朋友,他们碰到一起,总是容易惺惺相惜,几杯酒下肚后,便会说相见恨晚,觉得与对方特投缘,朋友就这样产生了。

俗话说无酒不言商,许多大生意都成交在酒桌上。生意场上有不少人借着酒精的刺激来促进彼此的往来,在我们周围也不乏原来滴酒不沾的人，在工作了十多年之后变成了杯中高手。如果在酒席上坚持不喝酒的人，则会引起别人的反感，甚至觉得你不真诚，虚伪，心眼太多，不可交。

酒是感情的润滑剂，如何使它发挥最有利的功效，就在于自己如何运用。

从古到今都流传着这样一句话："酒逢知己千杯少。"即使现在也是如此，彼此谈得来的人到一块老酒一喝，话密了，情自然就浓。酒杯对酒杯，心口对心口，滚烫的友情便挡也挡不住，友谊也随着酒的绵香而逐渐加深。

尤其是生意人早就已经习惯在酒席间谈生意，好像不喝点酒就没办法敞开胸怀说话似的。这种习惯其实并非中国人所特有的，外国人也是如此，除了阿拉伯国家的人碍于戒律之外，这可以说是地球上普遍的现象。

其实，喝酒只是一种形式，真正起作用的还是推杯换盏间的溢美之词。只要你适当运用自己的口才，就能"喝"出名堂来。

◎ 众欢同乐，切忌私语

大多数酒宴上宾客都较多，所以应尽量多谈论一些大部分人能够参与的话题，得到多数人的认同。因为每个人的兴趣爱好、知识面不同，所以话题尽量不要太偏，避免唯我独尊，天南海北，神侃无边，出现跑题现象，而忽略了众人。

特别是尽量不要与邻近的人贴耳小声私语，给别人一种神秘感，往往会使别人产生"就你俩好"的嫉妒心理，影响酒宴上的气氛。

◎ 话语得当，诙谐幽默

酒桌上可以显示出一个人的才华、学识修养和交际风度，有时一句诙谐幽默的话语，会给别人留下很深的印象，使人无形中对你产生好感。所以，应该知道什么时候该说什么话，语言得当，并巧妙地运用你的诙谐幽默。

◎ 劝酒有度，切莫强求

在酒桌上往往会遇到劝酒的现象，有的人总喜欢把酒场当战场，想方设法让别人多喝几杯，认为不喝到量就是不实在。

"以酒论英雄"，对酒量大的人还可以，酒量小的可就犯难了，有时过分地劝酒，反而会伤害朋友间的感情。

◎ 敬酒有序，主次分明

敬酒也是一门学问。一般情况下敬酒应以年龄大小、职位高低、宾主身份为序，敬酒前一定要充分考虑好敬酒的顺序，分清主次。即使与不熟悉的人在一起喝酒，也要先打听一下身份或留意别人如何称呼他，做到心中有数，避免出现尴尬的局面或伤了感情。

◎ 锋芒渐露，稳坐泰山

酒席宴上要看清场合，正确估价自己的实力，不要太冲动，尽量保留一些酒力并注意说话的分寸，既不让别人小看自己，又不要过分地表露自身，选择适当的机会逐渐露出自己的锋芒，才能稳坐泰山，不致让别人产生"就这点能力"的想法，从而使大家不敢低估你的实力。

> 敬酒时一定要把握好敬酒的顺序。有求于席上的某位客人，对他自然要倍加恭敬，但是要注意：如果在场有更高身份或年长的客人，则不应只对能帮你忙的人毕恭毕敬，也要先给尊者、长者敬酒，不然会使大家都很难为情。

在酒桌上交友办事，要把握好分寸。只要言语到位，再配上适当的酒量，要办的事自然能够办好。

善用谢酒术巧推他人劝酒

宴席中，酒量不错者，当然应付自如，但那些酒量不大者，往往对一再劝酒十分尴尬。杯中之物，多喝无益，且劳神伤身，所以，学会一点谢酒的艺术，在日常交际中十分必要。

饮酒当然应是喝好而不喝倒，让客人乘兴而来，尽兴而归。那种不顾实际的劝酒风，说到底，也不过是以把人喝倒为目的，这充其量只能说是一种低级趣味的劝酒术，乃劝酒之大忌。作为被劝者，当酒量喝到一半有余时，应向东道主或劝酒者说明情况。如："感谢你对我的一片盛情，我原本只有三两酒量，今天因喝得格外称心，多贪了几杯，再喝就'不对劲'了，还望你能体谅。"如此开脱以后，就再也不要喝了。这种实实在在的说明后果和隐患的谢酒术，只要劝酒者明白"乐极生悲"的道理，善解人意者，会见好就收。

李某新婚大喜之日，当酒宴进入高潮时，某"酒仙"似醉非醉，侃侃而谈："请三位来宾，每人喝一瓶。"面对"酒仙"言辞上的咄咄逼人，三位来宾中的许先生站起来说："我想请教你一个问题：'三人行，必有我师'，这是不是孔老夫子的话？""酒仙"回答："不错。"许先生见其已入"圈套"，便说："既然圣人说：'三人行，必有我师'，你又提出要我们三人一起喝，你现在就是我们三位最好的老师，请你先示范一瓶，怎么样？"这突如其来的一击，直逼得"酒仙"束手无策，无言以对，只得解除"酒令"。

此番谢酒，妙就妙在许先生先不动声色，静听其言，然后抓住"酒仙"言辞中的"突破口"，以此切入，提出问题，悄悄布下一个"圈套"，诱使其说出（或者同意）与自己相似的观点，请君入瓮，随即"收拢圈套"，反戈一击，达到制胜谢酒的目的。

当劝酒者采用"车轮战术"，自己又无法把目标转移时，可用攀比的方法保护自己。"今天在座的都是我的好朋友，理当一视同仁，要干，大家一起干！"来宾酒量不等，往往与劝酒者讨价还价，迫使其作出一些让步。

只要你学会了谢酒之法，宴席上就能免于不胜酒力之苦，还能达到宴饮的目的。

美酒虽好，但不要贪杯。贪杯就会伤身体，失人品。俗语讲得好：筷子虽细打断腰，酒杯虽小淹死人。既然已不胜酒力，就莫逞能，早作谢酒为好。

二 西餐的礼仪

西餐是中国和其他东方国家的人们对欧美各国茶点的统称，是由原材料、厨艺、服务、环境组成的综合产品。西餐大致分为两大类：一类是以俄式菜为主的东欧菜式；另一类是西欧菜式，其中又有法式菜、英美式菜和德式菜之分。

了解席位座次的礼仪安排

西餐席位的排列事关礼仪次序，不可马虎了事。绝大多数情况下，在排位时要有一定的排位原则和方法。

◎ 排列的原则

① 女士优先。一般女主人为第一主人，在主位就位，而男主人为第二主人，坐在第二主人的位置上。

② 距离定位，距主位近的位置要高于距主位远的位置。

③ 以右为尊。男主宾要排在女主人的左侧，女主宾要排在男主人右侧，按此原则，依次排列。

④ 面门为上。面对餐厅正门的位子要高于背对餐厅正门的位子。

⑤ 交叉排列。即男女应当交叉排列，熟人与生人也应当交叉排列，一个就餐者的对面和两侧往往是异性或不熟悉的人，这样可以扩大交友面。

◎ 排列的方法

① 长桌的排列。一般有如下几种情况。

一是男女主人在长桌的中央相对而坐，餐桌的两端可以坐人，也可以不坐人。

二是男女主人分别坐在长桌的两端。

三是用餐人数较多时，可以把长桌并成其他形状，便于大家一道用餐。

四是长桌的两端尽可能安排举办方的男子坐。

② 方桌的排列。方桌非列位次时，就座于餐桌四面的人数应相等，并使男女主人、男女主宾相对而坐，所有人各自与自己的配偶或恋人坐成斜对角。

懂得餐具的正确摆放

西餐餐具主要有刀、叉、匙、盘、杯等。刀分食用刀、鱼刀、肉刀、奶油刀、水果刀；叉分食用叉、鱼叉、肉叉、龙虾叉；匙有汤匙、甜食匙、茶匙等；盘则有大小不同的菜盘、汤盘、垫底盘、面包盘等；酒杯则分为葡萄酒杯、香槟酒杯、烈性酒杯、啤酒杯等。西餐餐具一般在开餐前都已在餐桌上摆好。

正式宴会的摆法一般是：座位前正面放垫底盘，左叉、右刀、匙。左右侧最外边的刀叉是餐前食用刀叉，中间的刀叉是吃鱼用的刀叉，靠里边的刀叉是吃肉菜用的刀叉。它们都纵向放置在就餐者垫底盘的两侧，分别离桌缘1~2厘米。这些刀叉的摆放顺序，从外向里取用，正与上菜的顺序一致。吃甜品用的刀叉，一般在最后使用，被横向摆放在垫底盘的正上方。垫底盘上方放甜食匙，再往前略靠右放酒杯，右起依次为葡萄酒杯、香槟酒杯、啤酒杯（水杯）。餐巾叠成花样插在水杯内。面包盘置于叉子左侧约1~2厘米处，离桌缘3~4厘米。

此外，在座位左上方有一玻璃或金属水盂，盛有清水，有时还撒有花瓣，是供洗手用的，洗手时把手指轻涮一下即可。

学会刀、叉、匙的使用

西方人习惯使用的餐具是刀叉，而且相当讲究，不同餐具有不同用途，不能混淆。因此，当我们吃西餐时，就应该了解和遵循西方人的礼仪规范。

用刀时，应将刀柄的顶端置于手掌之中，以拇指抵住刀柄的一侧，食指按在刀柄背上，佢需注意食指决不可触及刀背，其余三指顺势弯曲，握住刀柄。叉如果不是与刀并用，则叉齿应该向上。持叉应该尽可能持住叉柄的天端，而不能抓住叉柄的下部；叉柄倚在中指上，中指则以外侧的无名指和小指为支撑。叉可以单独用于取食那种无须切割的主菜。刀叉并用时，持叉姿势与持刀相似，叉齿应该向下。刀除了用于切割食品外，还用来帮助将食品拨到叉上。这样做时，必须用刀将食品拨到叉的内侧，而不是外侧，否则会使自己的肘部碰到邻座。

持匙用右手，持法同持叉。但手指必须持在匙柄的上端。叉匙并用取食时，叉的使用与刀叉并用时相同，叉齿朝下。就餐时按叉顺序由外往里取用。每道菜吃完后，将刀叉并拢平放盘内，以示吃完。如未吃完，则摆成八字或交叉置于盘上，刀口应向内。切菜时，注意不要用力过猛撞击盘子而发出声音。不易叉的食物，可用刀将其轻轻推上叉。除喝汤外，不用匙进食。

吃西餐时，在席间谈话时可以不必将刀叉放下。但如果你要做手势，就应该把刀叉放下，切不可拿着刀叉在空中比画着大谈特谈。另外，也不能将刀叉竖起来拿着。一定要保持优雅的就餐举止。

了解餐巾的用途和规范使用

餐巾又称口布。餐巾的用途，主要是防止食物沾污衣服，也可用来擦手上或嘴上的油渍。餐巾纸是一种简便的代用品，也具有餐巾的某种用途。

在正式宴会上，客人要待主人先拿起餐巾时，自己方可拿。反客为主的做法是失礼的。

打开餐巾后，应摊放在自己的腿上，以能接住可能滴落的食物为宜。有人喜欢把餐巾别在衣领或背心纽扣上，这在我国不是通行规范的使用方法。

有人一打开餐巾或一拿起餐巾纸，便用来揩擦自己的杯盏刀叉。这实际是对餐厅卫生工作的不信任。对餐厅服务人员来说，这是一种很不礼貌的行为。

如果有事临时离座，应将餐巾折好放在餐桌上，不要随意揉成一团或顺手往椅背一搭。

用餐后，可用餐巾揩拭嘴角或手，但千万不要把餐巾当抹布，在餐桌上乱擦。

知道开胃菜与汤的吃法

西餐的用法与中餐有着明显的不同，如上菜的顺序不同，每种菜的吃法又有一定的讲究。现在，随着与外国联系的机会日益增多，理应懂得一些西餐吃法方面的礼仪。

◎ 开胃菜

一般来说，饭前在休息室供应的开胃小吃，包括饼干、面包等，可以用手拿来吃；但在餐桌上，开胃菜算是一道菜，禁止手拿，应用刀叉进食。

鱼子酱夹吐司、牡蛎、蜗牛、洋火腿与水果组合等都是十分常见的西餐开胃菜。要特别留意牡蛎、蜗牛的吃法。

生牡蛎是西餐中常见的季节性开胃菜，吃的时候以左手按住壳，右手拿专用叉，挖起整个牡蛎后，淋上调味汁，叉起来吃，壳内的汤汁则可以用手拿壳直接喝掉。

烤蜗牛也有专用的夹子和叉子，吃的时候，以左手专用夹固定外壳，右手再以叉子取出里面的肉，壳中留下的汤汁，则可以用夹子夹起来喝。

◎ 汤

具体用法在前面"匙的用法"中有一定的介绍。还要注意，喝汤时汤匙不要舀满，尤其是第一匙，更是要小口些。

无论汤有多烫,都不可以用口吹凉。此时,可以用汤匙稍加搅拌,待稍凉后再喝。

>
>
> 洋火腿与水果的组合是西餐中最常见的开胃菜,自古沿用至今。西餐水果中最常见的是哈密瓜,进食时,要先用餐刀将哈密瓜切成一口的大小,再切适当大小的洋火腿把哈密瓜卷起来,边卷边吃。

懂得面包的正确食用方法

注意不要一开始就吃面包,大体来说,面包是在喝完汤以后,和鱼肉主菜料理一起吃的,而且,必须在点心出来之前吃完,也就是说主菜吃完了,面包也应该吃完。

切记取用左侧的面包。不管面包是放在面包盘上,或是用餐巾包起来,或是直接放在桌子上,在座位安排较紧密的餐桌上,切记取用自己左侧的面包,就不会有尴尬的场面发生。

吃面包禁止使用刀子,也不能整个拿起来咬着吃,而是要用手撕成适当的小块,一口一块,用黄油刀抹上黄油,再送进嘴里。

总的来说,以左手拿撕成小块的面包,右手拿刀,以刀将奶油涂在面包上，先将刀放回盘上，再吃手中的面包，绝对不能弄错。主菜的调味汁若还留在盘中，可以用手撕块面包沾食，最好是把面包放在盘内，用叉子压着面包沾，也可以把一小块面包泡在肉汁或汤中，然后用汤匙或叉吃，这样是对厨师厨艺的一种夸奖的表现。

讲究鱼、肉等主菜的吃法

　　西餐中的鱼有两种，一种是去掉骨的煎鱼块，直接用叉子叉起来吃即可；一种是带骨的鱼，其吃法比较复杂，先用鱼刀将鱼头切下，放在专盛鱼骨的备用盘里，然后用鱼刀沿着鱼背割下上边的肉放在盘子的一边，再用刀子切成小块吃掉，上边的肉吃完后，用手将鱼骨拉掉，放在备用盘里，然后再用刀子将鱼肉切成小块吃掉。

　　吃肉不像吃鱼那么烦琐，吃大块的肉，可以先将肉切成两半，再慢慢切成小块一块一块吃。如果是吃带骨头的肉，可先用刀子确定骨头的位置，把能切下来的肉切下，再用刀叉住吃。吃串烧肉也一样，应趁热把肉全部取下，放在盘子里吃比较优雅。

了解沙拉的吃法

一般来说,沙拉多是和主菜一起上桌的,但不是和主菜交换着吃。

沙拉一般是和酸淋汁一起调配的,口感清爽,所以,应该是把肉吃完后才吃沙拉,可以解油腻。

沙拉的淋汁是需要自己调拌的,宴会桌上,沙拉和淋汁经常是分成两盘的,由客人自己根据沙拉的多寡和自己的口味来加入适量的淋汁。如果是沙拉酱,比较稠,最好先放在盘侧。

沙拉通常是舀或叉起来吃,若不止一口的大小,需要切开吃,可以用叉子的侧面切。有些较硬的沙拉如西芹或较软的沙拉如大片的菜叶等,不太容易切开,但如今沙拉刀已经问世,很好地解决了这个问题。

在西餐中,餐后点心是吃完主菜以后上的。餐后甜点,似乎不太适合中国人的习惯,而且品种繁多,吃法各异,所以,要得体文雅地进食。主要有如下几种吃法:

① 用叉子和汤匙吃蛋糕时,应以右手持叉,左手拿汤匙。

② 用叉子和汤匙吃草莓和已经分切过的水果时,仍是右手拿汤匙,左手拿叉子。

③ 吃冰淇淋、布丁和牛奶蛋糊时,只用汤匙即可。

④ 吃蛋糕时可用叉子的叉尖,然后再用叉子刺住蛋糕来吃。

懂得西餐宴会的饮酒礼仪

在西餐宴请中,酒的搭配是比较规范的,每一道菜会配不同的酒。所以,对酒要有适当的了解,才不至于失礼。

◎ 餐前酒

又称开胃酒,通常在宴会前半个小时左右由主人招待。一般有威士忌、马提尼、雪莉、杜松子酒、伏特加等系列。国内宴请中,也会用啤酒、果汁、饮料等替代。

◎ 餐中酒

又称席上酒,按照国内的习俗,任何酒都可以当作席上酒,但在正式的西餐中,席上酒仅限于葡萄酒。

① 白葡萄酒。具有一定的酸味,可以去腥。所以,一般配鱼类、海鲜、虾等肉质比较细嫩的肉类使用。白葡萄酒的酒精成分约 10～14 度,温度应保持在华氏 40～50 度之间,一般连瓶事先冰凉后再使用,饮用时,不必在酒中加冰块。

② 红葡萄酒。味带苦涩,苦涩可以去油腻,配合肉质纤维较粗的牛肉、羊肉、猪肉、鸭肉等。温度应保持在华氏 65～70 度之间,其酒精成分与白葡萄酒大略相同。

③ 香槟酒。是在最后一道菜或点心、甜点、水果后上桌。温度应保持在华氏 40～45 度之间,酒精成分约在 10～15 度。启用方

法比较特殊，一般应请有经验的服务员开启，服务员在斟酒时，酒瓶应该以餐巾包裹之。

◎ **餐后酒**

用餐完毕后，在上咖啡或茶时，即可以用餐后酒，用来化解油腻。餐后酒一般有白兰地、康雅克等。

西餐中酒与酒杯的用法

每一种酒需要配置一个不同的酒杯。酒杯通常是摆放在主菜盘的右上方的，按使用的顺序从右到左摆放，有时也会从左到右。使用时，主要看服务员往哪个酒杯里倒酒，你就拿哪个酒杯喝酒。不过，有一点需要特别记住：配上一道菜的酒不能在吃下一道菜时喝。

喝酒用的酒杯通常是有脚的。长脚的玻璃杯子一般是用食指、拇指捏住杯子的下半部分，其余三个手指扶住杯脚来平衡杯子。如果是碗形的带脚玻璃杯，可以用食指和中指夹住杯脚，用手托住杯身。如果玻璃杯里加了冰，那么，就要用大拇指和食指捏住杯脚，手不要触及杯身，以免手上的温度把酒弄热了。每次喝完酒后，酒杯放回原处。

遵守离席与告退的规矩

客人见女主人收起餐巾从座位上站起后,应随着离席。起立后,应将椅子往后拖,从左侧出来,再把椅子略向台桌下推进一点。此时,男宾应帮助女宾把椅子推回原处。餐巾可置放桌上,不必按原样折放整齐。宴会结束后,可视情况与主人和其他来宾再聚谈一会儿,然后适时告辞。

告退的时间不宜过迟或过早。如果自己是主宾,就应先于其他客人向主人告辞。一般来说,主宾用完点心之后,移到客厅,再过20分钟左右后告辞。一般宾客则不要先于主宾告辞为宜。

告辞时,来宾应有礼貌地向主人握手致谢。通常是男宾向男主人告别,女宾向女主人告别,然后交叉;再与其他宾客握手告别,并对服务员的服务表示赞许或感谢。

参宴后的第二、第三天,客人可送印有"致谢"字样的名片表示感谢;名片可寄出或亲自送达。如亲自送达未遇着主人时,可将名片左上角向下折,然后再恢复原样,表示由本人亲送。也可通过电话再次向主人表示感谢。

三 饮茶与咖啡的礼仪

饮品,一般包括茶、咖啡等。这其中非常讲究饮用的礼仪规范。不雅、不美的饮用方式只会贻笑大方,有失身份。

我国历来是个十分讲究饮用礼仪的国家,尤其是饮茶,更有着悠久的历史和规范的程序与礼仪。当代社会,大多数西方国家则喜欢喝咖啡。了解掌握世界上东西方国家茶和咖啡的饮用礼仪,对我们的社交活动是非常有益的。

奉茶:待客礼仪的重要环节

茶是我们中华民族的国饮,是世界三大饮料之一,并位居三大饮料之首。茶的品种繁多,对人体的裨益很大,当今西方喜欢饮茶的人日渐增多,东方人更是离不了。在我国,自古就有以茶待客之风俗。在家里、办公室里接待来宾,茶水是必备的。有时还可以专门举行茶会招待来宾。饮茶在我国不仅是一种生活,也是一种文化传统,并形成了相应的饮茶礼仪。茶一直是我国各族人民的传统美德和传统习惯。在现代社会中,上茶仍是待客礼仪的重要环节,宾主双方把盏而谈，无形中活跃了气氛，增进了情感。所以，掌握一定的奉茶礼仪十分必要。

为客人奉茶之前应做到：一要先洗手，并洗净茶杯或茶碗；二要特别注意检查茶杯或茶碗有无破损或裂纹，若有是不能用来待客的；三要将茶具洗涤消毒，切忌用沾满茶垢的杯子敬茶；茶叶不要直接用手抓取；四要用刚沸的开水冲泡，切忌用隔夜开水泡茶。

奉茶的时机，通常是在客人就座后，未开始洽谈工作之前，如果宾主已开始谈工作，这时才端茶上来，免不了要打断谈话或为了放茶而移动桌上的文件，这是很失礼的。上茶时一般由主人向客人献茶，或由秘书小姐给客人上茶。奉茶时，按先主宾后主人，先女宾后男宾，先主要客人后其他客人的礼遇顺序进行。不要从正面端来，因为既妨碍宾主思索，又遮挡视线。应从每人的右后侧递送。每杯里应斟七分满即可，如果茶水斟得过满，一旦溢出来，洒在桌子上或客人的衣服上那可就失礼了。在用茶招待信奉伊斯兰教的客人时，忌讳用双手端茶，因为中东的某些地方，左手被认为是不洁的，故应用右手敬茶。

同时有两位以上的访客时，端出的茶色要均匀，并要配合茶盘端出。左手捧着茶盘底部，右手扶着茶盘的外线。如有点心则放在客人的右前方，茶杯应摆在点心右边。

上茶时应向在座的人说声："对不起！"再以右手端茶，从客人右方奉上，面带微笑，眼睛注视对方并说："这是您的茶，请慢用！"奉茶时，应依职位的高低顺序先端给不同的客人，再依职位高低端给自己公司的接待同仁。

> **Tips**
>
> 以红茶待客时，杯耳和茶匙的握柄要朝着客人的右边。此外要替每位客人准备一包砂糖和奶精，将其放在杯子旁（碟子上），方便客人自行取用。

饮茶：要避免失礼行为

喝茶时，如需调和糖与奶精，应在调好之后茶匙横放在碟子上，再以右手端起杯子（除非你惯用左手）。不需将杯垫一起端起，以单手端起茶杯，另一手轻扶杯垫，预防杯垫掉落即可。但若坐在矮茶几旁，则必须连同杯垫一起端起，以免不慎打翻。喝茶时不可出声，尤其是喝功夫茶时，不要因怕将茶叶喝入口中而用嘴滤茶，如果发出声音是十分不雅的，女士喝茶先用化妆纸将口红轻轻擦掉些，以免口红印留在杯子上。

不论客人还是主人，都不应大口吞咽茶水，或喝得咕咚咕咚直响，应当慢慢地一小口一小口地仔细品尝。如遇到漂浮在水面上的茶叶，可用茶杯盖拂去，或轻轻吹开，切不可用手从杯里捞出来扔在地上，也不要吃茶叶。我国旧时有以再三请茶作为提醒客人应当告辞了的做法，因此在招待老年人或海外华人时要注意，不要一而再、再而三地劝其饮茶。

饮茶的禁忌

饮茶的禁忌，明清之际，曾有人总结为七条。曰：一不如法，二恶具，三三客不韵，四冠裳苛礼，五荤肴杂陈，六忙冗，七壁间案头多恶趣。亦是文人雅士自视清高的品茶戒旨。民间尚有一些关于饮茶的俗信禁忌。俗以为饮茶令人少眠，吃茶多，腹胀（可以醋解之）。故禁忌晚间饮茶和饮茶太多。又以为"隔夜茶，毒如蛇"，不可饮。据清代《闲居杂录》云："惊蛰后至九月，凡茶水在几上经宿者不可饮。因守宫（壁虎）之性，见水则淫，每于水内相交，余沥遗入，为性最毒。如误饮，急觅地浆水解之，或吐或泻，尚可救一二。掘地以冷水拨之，令浊，少顷取饮，谓之地浆。"这里所说的隔夜茶不可饮的缘曰及其破法。颇带有民间俗信的韵味。虽不一定确当，总比空泛的"毒如蛇"一句比喻要形象、实在多了，因而更具"说服力"，更能止饮"隔夜茶"的。

浙江一带新年互贺时，要饮红糖泡枣的茶。据说温州一带光饮茶水不吃枣，俗说，"无家教，吃茶泡"；闽南一带饮红糖枣茶却要吃掉茶泡，谓之"吃红枣，年年好"。还有的地方，办喜事时，新娘要吃"卵茶"。是时，新娘只低头饮茶，不吃卵。如吃卵，就被视为不稳重，日后不会受到丈夫和邻居的敬重。这也是与不吃茶泡相类似的习俗禁忌,其取意为"不贪婪,懂礼节"。

宋代,居丧时饮茶,或以茶待客,忌用茶托。《齐东野语》中有云:"有丧不举茶托。"正是指的这种俗礼。据说是因为"托必有朱,故有所嫌而然",乃是恐茶托为朱红色漆器,犯丧讳。

了解品种繁多的茶叶种类

我国茶类多,花色品种丰富多彩,是世界其他产茶国无可比拟的。根据黄烷醇含量的次序,可分为绿茶、花茶、黑茶、白茶、青茶、红茶六大类。每一茶类又都有其名品。

◎ 绿茶

① 龙井茶:产于杭州西湖,以"色翠、香郁、味醇、形美"四绝著称于世,龙井干茶外形扁平,嫩绿光滑。茶汤清香明显,颜色黄绿明亮,滋味鲜甜醇厚。

② 碧螺春茶:产于江苏吴县太湖洞庭山。因洞庭山上碧螺峰而得名。碧螺春茶多系纤细匀整,呈螺形卷曲。色绿,白毫显露。汤色碧绿清澈,味极幽香、鲜甜。用温开水冲泡碧螺春,茶叶照常坠落杯底;先冲水后放茶叶,依然放香展叶。

③ 蒙顶茶:产于四川省雅安市,是蒙山所产各类名茶的总称。蒙顶茶是最早向朝廷进贡的贡茶。外形扁直肥壮,金黄显豪,汤黄

清澈，香馨高爽，回味甘甜。

④ 六安瓜片茶：产于安徽省的六安、金寨、霍山等县。瓜片茶外形似瓜子，叶片的叶缘稍微向上弯叠，色泽翠绿有光，冲泡后香气清高，滋味鲜醇，回味甘爽，汤色清澈，叶底肥嫩。

⑤ 君山银针：产于湖南洞庭湖中的君山。君山银针茶芽头壮实，银毫出露，条索纤秀。茸毛覆盖，芽身金黄，被誉为"金香玉"。冲泡时，芽头三起三落，竖起如群笋出土。下沉似雪花坠地，由于芽头多毫。芽叶之间常常有小气泡，人称"雀舌含珠"。

◎ 红茶

我国的红茶中外驰名，在我国茶叶对外贸易中占有举足轻重的地位，备受喜爱。

① 祁红茶：产于安徽省祁门县，约有上千年历史。由于它的品质超群得到国际茶叶市场的高度评价，曾在巴拿马博览会上荣获金质奖章。祁红茶条索细嫩，含有多量的嫩毫和显著的毫尖，长短整齐，色泽乌润。品饮祁红茶，有鲜甜清爽的嫩香味，形成独有的"祁红"风格。

② 滇红茶：云南以出口为主生产的红碎茶，命名为"滇红"。其茶汤色红浓明亮，香味浓烈，颗粒紧结，质量是我国同类红茶中的上品。在对外出口贸易中占有一定地位。

③ 英红茶：50年代，由广东英德茶场试制成功的"英红"，历史虽不长，却名扬四海。据称，"英红"的外形和内质，堪与印度、斯里兰卡等国家同类产品相媲美，是红碎茶的佼佼者。其外形金毫显露，匀净优美，加奶、加糖饮用，色香味俱佳。

◎ 青茶（乌龙茶）

① 武夷岩茶：产于闽北武夷山。茶丛多生长在岩缝之中。武夷岩茶历史悠久，唐代中叶就为士大夫阶层所赏识。宋、元两代开始充为贡品，明末清初传到欧洲，从此名扬四海。武夷岩茶外形肥壮匀整。紧结卷曲，色泽光润，叶背起蛙状，颜色青翠。砂绿、密黄、叶底叶缘朱红或起红点，中央呈浅绿色。品饮武夷岩茶，香气馥郁，滋味浓醇。鲜滑回甘，具有特殊的"岩韵"。

② 安溪铁观音茶：产于闽安溪县。铁观音既是茶名，又是茶树品种名。此茶外形条索紧结，有的形如秤钩，有的状似蜻蜓头，由于咖啡碱随着水分蒸发，在表面形成一层白霜，称作"砂绿起霜"。冲泡之后，异香扑鼻，趁热细啜，满口生香，喉底回甘。近年来，日本、欧美掀起"乌龙梦"，称乌龙茶是"减肥茶""健美茶"。乌龙茶中又以"安溪铁观音茶"备受青睐。

③ 凤凰单丛茶：是广东生产的一种乌龙茶。茶形壮实而卷曲。叶色浅黄带微绿，汤以黄艳衬绿，香气清长，多次冲泡，余香不散，甘味犹存。早在19世纪中叶，凤凰单丛茶便在国外享有很好的声誉。

青茶的花色品种很多。以上三种是青茶中的极品。

◎ 白茶

白茶，其色泽不如绿茶那样翠绿，不像红茶那样乌黑，也不比乌龙茶那样紫褐，而是色白如银，茶汤颜色素雅、浅淡，因而得名白茶。以白毫银针和白牡丹为白茶珍品。

① 白毫银针：满披白毫，细长如针。白毫银针分南北两路。北

路银针产于福建的福鼎,外形优美,芽肥壮,茸毛厚,汤色碧青,呈杏黄色,香气清淡,滋味醇和。南路银针产于福建的政和,芽瘦长,茸毛略薄,光泽较差,但香气清鲜,滋味浓厚。两种银针各有千秋,它们大批销往东南亚一带。作为消暑清凉的上等饮料。

② 白牡丹茶:通常采一芽二叶,绿叶类白毫,形似花朵。因此而得名。白牡丹又分为大白、小白和水仙白三个品种。其共同点是外形不成条索,似花瓣,叶脉微黄,汤色杏黄而明亮。

◎ 花茶

花茶是我国独特的一种茶类,又叫"重花茶"或"香片茶",是以鲜花窨制茶叶而成的再加工茶。窨制花茶目前常用的花种有茉莉、珠兰、玉兰、玳玳、玫瑰、桂花、腊梅、茶花。被窨制的茶叶叫作素茶,也叫花坯,一般以烘青绿茶为主。烘青茶与炒青茶相比,条索不过于紧结光滑,吸附和渗透性较强,加之茶叶平和,易与花香融为一体。花茶具有香味浓郁,茶汤清亮,余香悠长,经久耐泡的特点。

黑茶(紧压茶)

紧压茶一般是用比较粗大的叶片、枝梢先制成黑茶、老青茶、红茶或绿茶。再以这些茶为原料,按着不同规格拼配,经过蒸压处理。把散形茶紧压成不同形态的砖茶、饼茶、球状茶。这类茶质地坚实,久藏不易变质,又便于运输。

① 普洱茶:产品集中在云南省的思茅和西双版纳。普

洱茶耐藏，适于泡饮。它不仅能解渴、提神，而且长期饮用对治疗痢疾、降低血脂和胆固醇的含量，有明显的作用。近年来，国外对普洱茶赞美为"窈窕茶""美容茶""益寿茶"。

② 六堡茶：产于广西壮族自治区的苍梧县六堡乡。六堡茶清凉甘甜，滋味醇和，有消暑祛湿、明目健心等功效。港澳地区与东南亚各国人民很喜欢饮用此茶。

咖啡饮用务必注重礼仪

就像中国人喜欢喝茶一样，非洲人发现了咖啡，欧洲人引进了咖啡并作为每天必不可少的主打饮品。

中国人喝茶喝出了茶文化，日本人从中国学到了茶道，欧洲人也在数百年的咖啡饮用历史过程中形成了日久弥坚的咖啡文化，使咖啡成为他们每天生活不可或缺的必需品。与外国人喜欢喝茶一样，中国也有越来越多的年轻人喜欢时不时地到咖啡店约会谈事，他们在那里晒晒太阳，喝杯咖啡，享受一下繁忙都市里难得的悠闲。所以，喝咖啡正成为一种社交方式和社会活动，了解有关咖啡的常识和礼仪必不可少。

在欧美超市，有各种各样的咖啡销售。既有炒好的咖啡豆，也有磨成粉末的咖啡粉；既有现成的速溶型，也有要用壶煮过才能喝的传统型。林林总总，不一而足。

世界有名的咖啡主要产自拉美和非洲，普遍认为以哥伦比亚和埃塞俄比亚的为最好。喝咖啡的人都知道，买咖啡豆、磨成粉、再煮出来的咖啡虽然工序多、稍麻烦，但显然档次要高得多，味道要醇香得多，而速溶咖啡非常快捷方便，但味道相去甚远，档次也较低，只是节省时间罢了。

同茶道讲究茶叶、茶具、用水一样，咖啡文化也讲究器皿杯具。煮咖啡要有专门的咖啡壶，喝咖啡要用高级精巧的小瓷杯及配套的瓷碟、小咖啡匙，盛牛奶要用专门的小瓷杯，放方糖要有专门带盖的小糖罐，成套配置，缺一不可。

喝咖啡是一个细活，重在一个品，讲究一个慢，追求一个雅。加入咖啡内的方糖（考究一点的人家用浅黄色的粗粒蔗糖）都要放在专门的器皿里（很精致的小糖罐）。一般多用专门的糖夹或小匙取用，不可直接用自己的手去取拿。咖啡匙是专门用来搅拌咖啡的，而不是让人舀咖啡喝的，饮用时一定要把咖啡匙取出来，放在碟子上。方糖放进杯子后，要耐心地等待其慢慢融化，或用咖啡匙搅动几下，千万不要着急而试图用咖啡匙去捣碎方糖。如果感觉煮好的咖啡太烫，可用咖啡匙在咖啡杯内轻轻地搅拌促其冷却，或者干脆放着稍等一会儿，待其自然冷却，然后再饮用。注意千万不要像喝茶一样用嘴试图去把咖啡吹凉。

盛放咖啡的杯、碟都是成套配制的，一方面讲究品位，另一方面要求配套，不可分离。一般都放在饮用者的正面或右面，杯环要指向右方。饮用咖啡时，可以用左手将咖啡碟端起到齐胸处，右手再从碟中拿着咖啡杯的杯耳，端起咖啡杯，慢慢地送向嘴边轻轻地啜饮；喝完一口立即把咖啡杯放回咖啡碟中，要喝下一口时再拿起，千万不要使杯、碟二者"分家"。不宜满把握杯、大口吞咽，也不宜伏下身去喝；喝咖啡不能像喝烫茶一样吸出声，一定要小口慢品。饮用咖啡并且同时要吃点心时，不要一手端着咖啡，另一手拿着点心，吃一口，喝一口，交替进行。正确的方法是：饮咖啡时应当放下点心，吃点心时也要放下咖啡。添加咖啡时，也不要把咖啡杯从咖啡碟中拿出。

喝咖啡与喝茶还有一个明显的区别，就在于量。讲究的西方人请人喝咖啡，主要是想借这么一个平台交谈，所以一般只有很小但很精致的一个小杯，不到一大口就能喝完。但就是这么一小口咖啡，在咖啡馆里两人可以聊上半天。所以，喝咖啡不是让人解渴，主要是为了交流。

◎ 饮用数量及配料的添加

饮用数量上一般要做到以下两点：

其一，杯数要少。一般在社交场合中，咖啡的饮用数量在一杯至三杯之间。

其二，入口要少。饮咖啡时，不宜大口大口吞咽，咕咕作响，而应该小口品尝，仔细品味，动作优雅。

配料添加一是要注意添加方法：如果是添加砂糖，则应该用汤匙舀。如果是方糖，应用糖夹子夹取，放入汤匙内，最后放入大杯中。

不宜直接取用方糖，以免溅出咖啡。二是应注意自主添加和文明添加。添加配料是个人的事情，他人无权干涉或乱提建议；而且，添加配料时，要注意稳重大方，讲究卫生。

◎ 饮用方法

① 握杯礼仪。应该以右手拇指和食指捏住杯耳，将杯子端起送至嘴边，不可以手指穿杯环去拿。站立时，则应该以左手将杯、碟一起端至胸高，再以右手端起杯，送至嘴边饮用，饮用完，立即将杯子置于咖啡碟中。

咖啡碟与咖啡杯不分开，即使添加咖啡时，也不要将咖啡杯从咖啡碟中拿起。

持握咖啡杯，注意不要双手握杯，不宜满把握杯，也不要俯身就着杯子去喝，这些都是失礼行为。

② 匙的使用礼仪。在使用咖啡匙时，应注意以下几点。

其一，给咖啡加糖或冰块是一种常用的饮咖啡习惯。加入后应用小汤匙沿杯周边将其搅均匀，将匙放于碟子左边或横放于靠近身体的一侧。汤匙放在杯内就喝是不文明的举动，而用匙搅得杯子乱响也是失礼的。添加配料后，应以匙轻轻搅动，使其与咖啡迅速溶合。但切记搅动时不要动作过大，也不要用匙去捣碎杯中的方糖。

其二，搅拌之后，应把匙立即取出，不要让其立在杯中，否则很易使咖啡杯泼翻。

其三，如果咖啡太烫，应充分发挥匙的作用，轻轻搅动，使其降温，切不可用嘴去吹。

其四，饮用咖啡时，不能以匙去喝，而应端杯饮用。有人喜欢在喝咖啡时吸得吱吱作响，那是粗野的表现。

③ 取食甜点。接受邀请去他人住所饮用咖啡，或参加咖啡宴，一般会同时被招待以各式甜点，以免空腹饮用咖啡伤及胃肠。吃甜点与喝咖啡应搭配进行，注意以下几点。

其一，取食甜点适量。毕竟这种场合中，应以咖啡为主，食用点心次之。不能食用过多甜点，破坏社交气氛。

其二，甜点与咖啡不能同时享用。即不能一手拿点心，一手拿杯，边吃边喝。正确做法是，吃点心时，先放下咖啡杯，吃完后，再继续饮用。

现煮的咖啡与速溶的咖啡

现煮的咖啡，指饮用前，用特制的咖啡具将一定数量的咖啡豆磨成粉末，上火煮熟而制成的咖啡。制作这种咖啡，对磨制的精粗，火候的把握都有严格的要求。因此，在西方国家中，是否会煮咖啡，咖啡煮得水平如何已成为判断主妇是否称职的一大标准。

在西方国家，无论家庭饮用还是招待客人，均习惯于采用现煮的咖啡。主妇煮好咖啡与家人共享，可增进家庭气氛；来客人时，如果女主人亲自煮咖啡、上咖啡，则表明对客人的尊重和礼遇，客人应记住对其煮咖啡的水平表示称赞，才不会失礼。

速溶的咖啡是以现代工艺将咖啡提纯、结晶，饮用时冲入适量热水，咖啡粉即可迅速溶解，可供饮用。速溶咖啡饮用方便，受到普遍欢迎。但其毕竟属于方便食品，不登大雅之堂，一般招待重要客人，要上现煮的咖啡，而不能使用这种速溶咖啡，否则有可能被人理解为对客人的轻视和不周。

05 饮用咖啡要因地制宜讲礼仪

咖啡，作为一种正在迅速推广的饮料，饮用的地点较多，从办公室到餐厅，从客厅到花园，再到咖啡厅、咖啡座，处处都可饮用咖啡，但在每种地点饮用咖啡的具体要求并不一样。

◎ 客厅

在客厅饮用咖啡主要有两种情况，一是招待客人，二是与家人聊天谈话。

◎ 办公室

在办公室中，咖啡既是一种日常饮料，起解渴之用，也是提神佳品。

◎ 休息室

各种会议，尤其是报告会，或学术研讨会也常安排喝咖啡时间，一般是在休息室饮用咖啡。

◎ 花园

在花园中兴办的咖啡会也是社交的重要途径之一。这种咖啡会具有非正式性质,不排位次,旨在交际与联络感情。

◎ 餐厅

在餐厅中进食西餐,无论正式还是便餐,一般都以咖啡作为"压轴戏",餐厅也是饮用咖啡的重要场所之一。

◎ 咖啡厅

咖啡厅是西方人上班前进食早餐的重要地点,也是朋友聚会聊天的较好场所,厅内不仅供应咖啡、点心等多种餐饮,还往往乐曲飘扬,烛光摇曳,气氛浪漫,咖啡厅已成为人们日常生活的常到场所。

◎ 咖啡座

咖啡座是设于街道两侧的露天咖啡厅,这里设有桌椅和阳伞,供应咖啡等饮料和食品,供自我休息和会友之用。

咖啡的种类

根据饮用咖啡添加的配料不同,可以将咖啡分为以下六种。

① 黑咖啡,指的是不加糖和牛奶等其他配料的纯咖啡。这种咖啡化解油腻,帮助消化,因此,西餐中往往以黑咖

啡作为最后一道菜式。

②白咖啡，与黑咖啡相反，是指在饮用前加入牛奶、奶油或特制的植物粉末的咖啡。是否加入糖依据个人的喜好而定。白咖啡可以在正式和非正式场合中饮用，但在非正式场合中更为普遍。

③浓黑咖啡，来自意大利，原称意大利浓黑咖啡。它以特殊的蒸气加压的方法制作，极黑极浓，因此有浓黑咖啡之名。饮用时，可以加入糖或少量的茴香酒，但不宜加入牛奶或奶油。这种咖啡能使人极为兴奋，不宜多饮。

④浓白咖啡，全名意大利式浓白咖啡，也是经过蒸气加压方法制作而成的，与黑咖啡不同之处在于，白咖啡中加入了以牛奶为原料的奶油或奶皮，因此在饮用时，一般不再添加牛奶，但可以根据自己喜好选择是否添加糖。

⑤爱尔兰式咖啡，爱尔兰式咖啡饮前不加入牛奶而加入一定数量的威士忌酒，糖的添加可由个人定夺。

⑥土耳其式咖啡，土耳其式咖啡在中东地区较为普遍。这种咖啡一般加入适量的牛奶和糖。但饮用时，其咖啡渣并未除去，而是盛入稍大的杯子一起端上来饮用。

JUHUI
YU
YULE
DE
LIYI

第八章
聚会与娱乐的礼仪

社交活动中，免不了要经常参加一些娱乐聚会。在不同的聚会场合，参加不同的娱乐活动，尤其是注意遵守礼仪规范。这是社交礼仪的重要内容，也是人际往来的文明要求。当参加晚会、酒会、沙龙、舞会、联欢等各种社交聚会时，一个仪容整洁、着装得体、举止大方，谈吐文雅 注意风度，礼待他人的人，最容易给人留下良好的印象，也会受到大家的欢迎。

一 参加聚会的礼仪

现代公众的日常生活内容非常丰富，除了工作、休息以外，还要经常出入各种场合，参加各种专题社交活动，如集会、晚会、宴会、酒会、沙龙，等等。

人们在参加各种聚会活动时，需要遵循各种聚会的基本礼仪规范，以便给他人留下良好的印象。

把握参加集会的礼仪规范

集会的礼仪内容繁多，对会议的方方面面均有涉及。以下主要介绍个人在集会中的行为规范。具体来说，集会是由发言者和聆听者而组成的。下面就参与集会所应遵守的礼仪规范分别予以介绍。

◎ 发言者

在集会上演讲、报告、发言、讲话的人，可称之为发言者。发言者无疑是集会的中心和主角。在集会上，要做一名称职的、受人尊敬和被人欢迎的发言者，就必须在仪表整洁、内容周全、态度谦恭等几个方面加倍注意。

① 仪表整洁。发言人的仪表，往往会在其出场之时，先入为主地给听众留下深刻的印象。所以在发言之前，发言人一定要抽出必要的时间，对个人仪表进行修饰和检查。重点主要包括以下几点。

• 仪容。发言人仪容修饰的重点在于发型和面部。在进行具体修饰时，一定要认真仔细，做到干净、整洁、卫生。

• 着装。发言人发言时的着装，必须干净、整洁、端庄、大方，绝不能自己随心所欲乱穿，尤其是不能穿过分怪异、性感、散漫或不洁的服装登台发言。

• 妆饰。对发言人而言，妆饰须以庄重、保守为度。

② 内容周全。在集会上发言时，发言人不是在表演，而是在阐明个人见解，因此发言的内容，才是观众关注的侧重点。准备发言时，发言人务必要做好以下几点，以力保自己的发言内容周全，令人欢迎。

• 分清对象。发言人首先要了解听众，具体来说，是要了解其思想状况、文化程度、职业特点和心理需要，然后因势利导。

• 观点鲜明。在发言时，只有做到了观点明确，中心突出，叙述清楚，主张合理，才能抓住听众，给人留下深刻的印象。

• 材料翔实。讲话要以理服人，所用资料必须真实、翔实，论据必须准确、无误。

• 语言生动。在发言时，最忌语言晦涩枯燥，而简单明了、通俗易懂、生动形象的语言则最受欢迎。

• 感情真实。在发言时，发言人固然要争取以自己的真情实感去感染听众，争取听众，打动听众，但是切勿为了做到这点而一味煽情，无病呻吟，矫揉造作，逢场作戏。

- 结构合理。发言不但要层次清晰,逻辑缜密,更重要的是,在充分表达了个人见解的同时,还要能够尽快抓住听众的注意力。

③ 态度谦恭。发言人在现场发言时,务必要注意自谦敬人,具体而言,要做到以下几点。

- 自谦自重。在发言时,发言人务必要明白,自己的见解能否为听众所接受,自己能不能得到应有的尊重,关键在于自己的发言质量,而不在于自吹自擂。

- 尊重听众。发言人在发言的整个过程中,都不能失敬于听众。在上台发言之初,按例要向主持人与其他听众欠身致意,并进行问候。在发言之时,不能使用任何对听众不尊重的语言、动作或表情。当发言结束时,要先道一声"谢谢大家",然后才能退场。

- 宽待对手。有时,在集会上进行发言的人,其见解难免会相差甚远。极个别的时候在会上还会出现发言人各执己见,针锋相对的情况。碰上他人的观点与自己的不同时,要善于求同存异、以理服人,发言对事不对人。

- 适可而止。发言之时,必须有明确的时间观念,宁短勿长,绝不拖延时间。

◎ 聆听者

集会上的聆听者,亦即听众。听众在集会上的最佳表现,一是要遵守会议纪律;二是要认真聆听发言。

① 遵守纪律。正式一些的会议,都会提前宣布有关的会议纪律,一般包括准时到会、保持安静、不得中途离会三条共同点。

- 准时到会。严守会议时间,是保证会议顺利进行的基本条件之一。接到集会通知后,应当按照通知上规定的时间,准时出席会议。参加任何会议,都不应当迟到或缺席。

·保持安静。在集会进行期间,全体与会者都应当自觉维护会场秩序,保持会场安静,不影响发言人的讲话与听众的倾听。

·不得中途离会。参加集会,必须自始至终。无特殊原因不要中途离去。

② 认真倾听。对集会上的每一位听众而言,在会议进行期间认真倾听他人的发言,是对对方尊重的具体表现,也是为自己掌握会议精神所必须做到的。唯有聚精会神,全神贯注,方能领会发言精神,吸取他人发言的精华,抓住其要点。

听得好还要记得好

参加集会前,应进行必要的准备工作。要处理好其他工作,免得在开会时神不守舍;要预备好必要的辅助工具,如纸、笔等;要认真阅读会议下发的材料,以掌握会议主旨。

好记性不如烂笔头,参加集会时,有条件的话,就要尽可能地对他人的讲话、发言择其要点,进行笔录。

注重出席晚会的礼仪规范

晚会，是指在晚上所举行的以演出文娱节目为主要内容的群众性聚会，是一种常见的群体性文娱活动形式。参加晚会时，必须遵守有关晚会的礼仪规范。具体来讲有以下五个方面的问题。

◎ 着装

出席正式的晚会时，着装要庄重、高雅、严肃。按照礼仪规范，此时的着装以深色中山装套装、西服套装、旗袍、连衣裙或西服套裙为宜。

◎ 入场

一般情况下，在演出正式开始之前的一刻钟左右，观众即应进入演出场所。观众提前入场，一方面是为自身着想，因为这样一来，观众便有比较充足的时间去会合亲友，领取节目单，存放衣帽，找寻座位，熟悉环境。另一方面则是为了维护演出秩序。凡正规的晚会，演出铃声响过之后，便不再准许迟到的观众进场。只有在中场休息时，他们才会获准入场。

◎ 就座

一般来讲，观众应当自觉配合组织者的安排，持票排队入场，凭票对号入座。在寻找自己的座位时，若有领位员在场，最好请其带路或予以指点。若无领位员在场，自己最好从左侧向前行进，逐排寻找。千万不可为了省时、省事，走"捷径"，从别人的座位上踩过或跨过。

在走向自己的座位时，如果需要从其他已经落座的观众前面过，不要一言不发，横冲直撞。正确的做法，是应当先向对方说一声"对不起"，随后面向对方侧身而过，尽量不要与对方的身体接触。若碰了对方，须立即道歉。

如果自己的座位上已有他人就座，切不可与对方争抢或大声争执，而应当主动出示自己的门票，并说明这个座位应当归自己，请对方让开。必要时，可请领位员或工作人员来处理。

落座之时，要做到悄无声息，坐姿优雅。切不可将座椅弄得吱吱直响，或是坐得东倒西歪，前仰后合，甚至将脚乱伸、乱踏，把脚乱跷。

一旦落座，就不宜再进进出出，乱调、乱占其他空位，更不允许观众在走道上、舞台上或乐池里就座。若因特殊原因需要调换座位，切不可强人所难，而应当两厢情愿。

◎ **观看**

参加晚会，主要目的就是观看演出。在观看演出时，既不能妨碍演员的表演，也不能影响其他观众的观看。所以，观众要表现得专心致志，全神贯注。具体来讲，要注意以下几个问题。

① 不交头接耳。在晚会期间，最令他人厌恶的莫过于旁边的人对演出大声评论，或是与同伴窃窃私语。因此，观看演出时，应当自觉地遵守这一条基本规矩。

② 不通信联络。人们常会在晚会期间发现，当舞台上的表演正精彩时，台下时常也会发出不甘寂寞的"鸣叫"声。一旦进入演出现场，每个人应当自觉关闭自己的手机，或使其处于"静音"状态。

③ 不进食、吸烟。在观看演出时，最好别吃东西，尤其是不要吃带壳的食物，也不要喝带易拉罐的饮料，因为它们都可能会成为噪声之源。另外，观众也应自觉禁烟。

④ 不心不在焉。在演出期间，不要睡觉、看报、听音乐、干私活，或是对别的观众注意过多。

⑤ 不随便走动。当演出开始之后，乱走乱动是非常惹人讨厌的。

⑥ 不影响他人。在观看演出时，不要戴帽子，或坐得过高。不要在一个座位上挤两个人，或是挤占属于其他观众的座位。不要随意拍照，乱用闪光灯，或是任意进行摄像。

在观看演出时，还要注意支持演员。当演员登台表演或演完退场时，观众应当热情、友善地向演员鼓掌，以示欢迎或感谢。若演员表演欠佳或在表演中出现失误，对此观众应予以谅解。不要动不动便对自己不喜欢的演员或节目鼓倒掌、吹口哨、轰赶人。

◎ 退场礼仪

在观看演出期间，不允许观众提前退场。只有当演出结束后，观众方可依次退场，做到井然有序。切不可争道抢行，制造混乱。

讲究出席酒会的礼仪规范

在一般情况下,正规的酒会均以鸡尾酒来唱主角,酒会不过是鸡尾酒会的简称而已。酒会上所提供的酒水、点心、菜肴均以冷的东西为主,因此它也被称作冷餐会。

◎ 酒会的特点

酒会除了以酒水为主角和以冷食为主这两大特征之外,它还具有以下几个方面的特点。

① 不必准时。出席酒会时,来宾到场与退场时间一般掌握在自己的手中,完全没有必要像出席正规宴会那样,非要准时到场、退场不可。

② 不限衣着。参加酒会时,若无特别要求,则穿着打扮上不必刻意修饰,只要做到端庄大方、干净整洁即可。

③ 不排席次。在酒会上,通常不为用餐者设立固定的座位,也就是说,它是不用排桌次、位次的。

④ 自由交际。在酒会上用餐者完全可以自由自在地随便选择自己中意的交际对象,自由组合,随意交谈。

⑤ 自选菜肴。在酒会上,用餐者所享用的酒水、点心、菜肴均根据个人的口味和需要自己去餐台上或通过侍者选取。

◎ 用餐的形式

酒会虽然礼仪从简,但是也有一定的礼仪。参加酒会时,有七个方面的礼仪规范常识应有所了解：一是掌握餐序；二是排队取食；三是多次少取；四是力戒浪费；五是勿施于人；六是禁止外带；七是适度交际。

◎ 鸡尾酒会

鸡尾酒会的形式活泼、简便，便于人们交谈。举办的时间一般是下午5点到晚上7点。招待品以酒水为主，略备小点心、小面包、小香肠等，置于小桌或茶几上。或由服务员拿着托盘，把饮料和点心端给客人。不设座椅，客人可随意走动。

鸡尾酒会上要注意的礼节

- 端着盘子站着进餐。

- 有时，你要去吧台拿你自己的酒。

- 有时，服务员拿一个托盘走到你附近，你可以选择要喝和吃的东西。

- 食品中，有的是用牙签穿起来的，有的没有牙签，需用手拿，因此你一定要拿一张纸巾。

- 保持手的干净。在鸡尾酒会上，你总会遇到一些人，而不时地和别人握手。如果你伸出的手沾着蛋黄酱或芝士汁，别人会不高兴的。最好手中拿着一张餐巾，以便随时擦手。建议你在鸡尾酒会上用左手拿杯子，而准备伸出你干净的右手去和别人握手。

· 食后不要忘了用纸巾擦嘴、擦手。用完的纸巾,当服务员经过的时候,可交给服务员或丢进垃圾箱,千万不要扔在地上。

出席招待会要客随主便

招待会是指一些不具备正餐的宴请形式,一般只备酒水、食品,不排固定席位,客人可选择交谈对象自主就座,宾主活动不拘泥于某种形式。常见的招待会有以下几种形式。

◎ 冷餐会

这种宴请形式的特点是不排席位,菜肴以冷餐为主,也可冷、热兼备,供客人自主选择。冷餐会的地点可选择在室内,也可选择在户外花园;客人可坐着就餐,也可站着进食,自由交谈,边食边谈。要为年老体弱者提供桌椅,并有服务人员照顾。冷餐会适宜招待人数众多的宾客。我国举行大型的冷餐会往往只在主桌安排就位,其余的并不固定,食品、酒水、饮料放在桌上,由客人自主选择,采取自助餐的形式。

◎ 酒会（又称鸡尾酒会）

酒会一般设在中午、下午、晚上。酒会以酒水为主，但很少用烈性酒，可略备小吃，由服务人员托盘端送，也可置于桌上。酒会一般不设餐桌，只设小桌和茶椅，客人可随意走动交谈。酒会是近年来国际上举办大型活动常采用的一种宴请形式，自1980年起我国国庆招待会也改用这种宴请方式。

◎ 茶会

茶会是一种更为简便的宴请方式。西方一般安排在早上或午茶时间（上午10：00、下午4：00左右）。茶会一般设在客厅，但不摆餐桌，只设茶几、座椅，不固定席位，但主宾和主人一般是坐在一起。茶会，顾名思义，就是请来宾品茶，因此对茶叶、茶具等都有规定和讲究。我国有着悠久的茶文化史，外事宴请时若没有特定要求，客人比较喜欢茶会宴请形式。

◎ 工作进餐

顾名思义，工作进餐是边工作边进餐，这也是一种非正式宴请形式。按用餐的时间可分为早、中、晚餐，采用分食就餐方式。它的特点是便捷、快速、卫生。主客双方可利用进餐时间边吃边谈以增进工作效率。工作进餐一般以长桌安排席位，以便于主宾双方交谈、磋商。工作进餐一般不请配偶。

参加沙龙：交际休闲两相宜

沙龙，是法语"Salon"一词的音译，在法语中是"客厅"或"会客室"的意思。沙龙开始于17世纪末期，是西欧上层社会社交集会的一种形式，他们通常借用某些私人客厅，聚会谈论文学、艺术和政治等问题。现在以社交为目的举办的专门性的室内聚会，一般都称为沙龙。根据对象和形式，沙龙主要有交际型沙龙、休闲型沙龙等多种。

◎ **交际型沙龙**

亲朋好友、同事、同学相互之间以保持联络为目的，称作交际型沙龙。它的具体活动形式可以灵活多样。平日里人们参加的座谈会、校友会、同乡会、聚餐会、联欢会、生日派对等，实际上也属于交际型沙龙。

① 举办交际型沙龙。首先，举办者对沙龙的地点、时间、参加者等，均应事先议定。可以由一人发起，也可由全体参加者共同讨论、决定。

沙龙地点应当选择条件较好的客厅、庭院，或是宾馆、餐馆、写字楼内的某一专用房间，要面积大、通风好、光线明亮，尤其是没有噪音，不受外界的干扰。

举办沙龙的时间，拟定在假日或晚上，活动时间应为2～4小时，如果意犹未尽，可适当延长。但以不影响正常工作为限。

沙龙形式，视具体情况而定。如果大家只是为了见见面，可以选择较为轻松的聚餐会或舞会等；如果要谈天，则不妨选择茶话会、酒会开展座谈讨论。

② 参加交际型沙龙。参加沙龙之前，应认真对自己的仪表、服饰进行必要的修饰，但不需要过分讲究。

参加沙龙时，要遵守时间，按时赴约，不得无故迟到、早退或违约。

到达聚会场所，首先要问候主人，还可帮助主人做一点需要做的事。在结束时，也要向主人道别。

参加沙龙讨论问题，在发言之前，应对自己想要说的话做细细掂量，做到言之有理，防止空洞无物，不能信口开河，想到哪说到哪。交谈要围绕中心内容，不能离题万里，无的放矢，无端地浪费众人的宝贵时间。更不能哗众取宠，故作惊人之语，发表偏激的言辞。也不能自以为是，夸夸其谈，对别人的发言讲话充耳不闻。在活动中，如果出现为某一事而争执等不愉快的事情，要保持克制，不要恶意中伤他人，要以和为贵。更不能对主人的安排说三道四，有意挑剔。

◎ 休闲型沙龙

休闲型沙龙形式多样，一般有家庭音乐会、俱乐部聚会、游园联欢会、郊游等等。休闲沙龙的娱乐性较为突出应当以玩为主，随意自然，生动有趣。

> **Tips**
>
> 休闲型沙龙要遵守的礼仪与交际型沙龙一样。但是，休闲型沙龙由于活动的环境不在室内，就更需要发挥团队精神，互相帮助，同心协作，尊重妇女，保护长者，并积极地为他们排忧解难。

参加俱乐部要注意公共秩序

俱乐部是一群人为了共同的目的、娱乐和方便组成的团体。

俱乐部的规模可根据具体情况而定，有二三十人的，也有上千人的。

俱乐部的组织形式，也可分为三类：一是单项俱乐部。即以进行单项活动为主的、人们自愿组成的小团体。它的成员一般是对某一方面活动有着特殊的爱好和兴趣，如"青春吉他俱乐部"等。二是综合俱乐部。即由不同类型的单项俱乐部组合在一起而形成的规模较大的活动团体，如"青春文化俱乐部"就是综合性的，它下设体育运动社、体育新闻社、演讲社和乐队等。三是普通俱乐部。它没有专一的活动内容。活动内容是根据时间、地点等条件临时确定。成员不限，主要目的在于丰富人们的业余文化生活。

由于俱乐部是一种自愿组合、结构松散的群众性业余文化团体，因而它能否持续地开展一系列丰富多彩、健康有益的活动，是俱乐部能否生存的极其重要的条件。尤其是普通俱乐部，要保持经久不衰，组织者们就必须深入了解成员们的"胃口"，不断创新，广泛开展活动。比如可以举办交谊舞培训班，周末音乐茶座，桥牌讲座，棋牌比赛等丰富多彩的活动。还可以根据季节的变化开展活动。春季可以组织春游，在春游后举办有奖摄影比赛；夏季可以举办游泳比赛；秋季可以举办以"金色的秋天"为题的演讲比赛；冬季可以组织滑冰、自行车比赛等。

由于俱乐部的群众自发性，就要求俱乐部组织者和每一位成员具有高度的主人翁责任感和社会公德心。成员之间要相互尊重、相互信任、相互理解、相互帮助。加入或退出俱乐部要遵守一定的社会规则。在经费筹集和开支方面要积极主动，经济公开。俱乐部成员还要注意搞好与非俱乐部成员的关系，要乐于接受那些积极要求加入俱乐部的人们。要宽以待人，严于律己。

在俱乐部里，也要和在其他社交场所一样，表现出良好的社交态度与良好品行，要有自制力，不能忘乎所以，放任自流。要有社会公德，注意保护俱乐部公共场所的环境、卫生和秩序。

生日聚会应热烈而不失礼

生日聚会，顾名思义是在一个人生日的时候，由家人或亲朋好友组织的聚会，目的是向寿星送上生日的祝福。近年来，也出现一些单位为职工，特别是为本单位作出贡献的老职工举办生日聚会的现象。这种活动不仅为寿星送去生日的祝福，也增加了团队的凝聚力。

◎ 一般性生日聚会

凡是遇本人或亲朋好友生日到来之际，一般都要举行生日社交聚会，以表示对这个特别日子的重视。

这种聚会既可以白天在办公室里，也可以晚上在家里或餐厅举行。在这种场合，通常是大家聚在一起，喝喝酒，饮饮咖啡或茶，吃吃生日蛋糕与其他点心。互相聊天、交谈。

对生日表示祝贺一般有两种形式，即个人和集体的。个人的祝贺方式，可送点小礼物，一本书、一束花、一张贺卡等等，都非常有意义。甚至只说几句祝贺的话，也同样会令对方欢喜。集体的祝贺方式，通常是几个要好的同事、朋友凑在一起，合送一份礼物表示心意。

生日蛋糕和生日蜡烛能为生日聚会增添很多情调。生日蛋糕通常有"生日快乐"的字样，蛋糕上插着五彩斑斓的蜡烛。生日蛋糕上所插的蜡烛支数要同生日主人的年龄相对应。通常20岁以下可用一支蜡烛代表1岁，有几岁插几支；20岁以上者，可用1支大蜡烛代表10岁，另外加小蜡烛，每支小蜡烛代表1岁；或直接使用数字形状的蜡烛。

生日聚会上，当主人怀着兴奋而激动的心情点燃生日蜡烛的时候，"祝你生日快乐"的歌声齐声而起，在悠扬深情的歌唱声中，生日主人一口气把点燃的生日蜡烛全部吹灭。在这一霎间，大家以热烈的掌声祝贺主人的生日。接着，生日聚会的中心人物把生日蛋糕切成若干等份，分给在场者。大家畅快地交谈，尽情地享受着这人生值得怀念的时刻。

对生日礼仪进行研究的专家认为，点生日蜡烛的传统可能与古代希腊人的习俗有关。希腊人把插着一根蜡烛的一块圆形蜜糕供献给狩猎和月亮女神阿特米斯。在中世纪，某国的面包师发明了现代的生日蛋糕。之后，为了在生日祈求吉祥，人们采用了一种类似的习俗。在早晨把蛋糕准备停当，周围插上点燃的蜡烛，形成一种保护性的火圈；蜡烛一整天都点着，一直点到晚饭吃点心的时候。这一习俗的另一种形式是使用一根巨大的蜡烛，每年生日点去十二分之一，到孩子13岁变成"大人"时点完。在生日聚会上，吹灭蜡烛这一象征性的仪式，表明人对未来的期待，是在祈求神灵给予更多的恩惠。

目前，随着工作节奏的不断加快，对于庆祝生日的活动也日趋简化，尤其是亲朋好友在异地，不能聚在一起时，邮寄贺信、贺卡，发礼仪邮件或打电话祝贺，也不失为得体的传递友好情谊的表达方式。

◎ **重要人士的生日庆典**

我们国家有敬老的传统，大家会为老年人举办较为隆重的生日庆典，尤其是逢整大寿的那一年，往往会邀来亲朋好友，为老人祝寿。

参加这样的生日庆典，在礼仪上应注意以下几点：

· 一定要带上较有意义的礼物，传统礼品更好，如寿面、寿桃等，也可以送寿联、寿幛。

· 在庆典上应向寿星考说一些祝福的话，不说是失礼行为。

· 对于年高体弱的寿星，简单慰问就可以了，不必谈话过多，使老人劳神。

随着中外国际交流的日益频繁，有很多外国友人在中国庆祝他们的生日，中国的东道主千万要留意外国来宾的生日。如果我们能在某位外宾生日的时候出其不意地送上一个生日蛋糕或一束鲜花，这是十分令人难忘的，也是非常符合礼仪的。

二、参加舞会的礼仪

现代社交中最具活力、最吸引人的常见形式之一，就是舞会。舞会一般是指以参加者自愿相邀共舞为主要内容的一种文娱性社交集会。一场舞会的顺利进行，会因每个参与者的彬彬有礼、大方自然、举世闻名止庄重、言谈风雅而生色添彩。从礼仪规范方面来讲，舞会的成败，既取决于它的组织工作进行得如何，又受制于其参加者的自身素质与临场时的表现。

了解舞会的礼仪规则

舞会是人们热衷的一项娱乐活动。通过舞会，人们可以锻炼身体，陶冶情操，丰富生活；还可以交流感情，增进了解，沟通信息。因此，了解舞会上的礼仪规则，可以树立自身形象，有利于社交活动的顺利进行。舞会上要注意以下几点。

◎ **容貌整洁，服饰适宜**

参加舞会之前，应整理好自己的仪表，仪容要美观大方，头发整齐，面容清洁。如果请柬上对服装有要求，则要按照要求的去做，这是对主人的尊重。男士服装以穿晚礼服和西服为主。女士服装要以亮色调为主，服饰要美观醒目，搭配合理。男士以深色调为主，服饰大方得体，并不失端庄。跳舞时衣服纽扣要扣好。参加舞会时要穿皮鞋，而不能穿凉鞋和运动鞋。

◎ 精神饱满，注意修养

参加舞会时一定要注意精神状态，切忌面带倦意和愁容，那样会影响整个舞会的气氛。如果身体确有不适，应向主人说明原因，谢绝参加。同时，在舞会上，参加者要注意自己的言谈举止。与人跳舞时，要态度和蔼，自然得体，谈吐文雅，不说脏话。

◎ 跳舞时，举止要文明

舞会是高雅文明的场所，是最能体现一个人的道德水准、礼仪修养的地方。跳舞时，举止要文明不俗。

跳舞注意舞姿，男子的右手应放女子腰脊部正中，不能超过女子腰脊的中部。自己不熟悉的舞步，不要下场跳。

在舞厅内不可随地吐痰，不要嘴里叼着烟或耳朵上夹着香烟，应消除口腔异味。不要冲着别人打哈欠和打喷嚏。双方的身体应保持一定的距离。同陌生人跳舞，以含笑不语为宜。

◎ 离开时

当女伴打算回家时，男舞伴应立即允诺，并略略送行。如男子先行，则应向女舞伴说明理由，请求原谅。

离开舞厅不一定要惊动主人,可以不辞而行。但如适值主人在附近,就应向她(他)表示感谢,然后告别。

正式舞会的入舞程序

按照惯例,第一场舞,由主人夫妇、主宾夫妇共舞(如夫人不跳,也可以由已成年的女儿代之)。第二场舞,由男主人与主宾夫人,女主人与男主宾共舞。

舞会上,男主人应陪伴无舞伴的女宾跳舞,或为她们介绍舞伴,并要照顾其他客人。男主宾应轮流邀请其他女宾,而其他男宾则应争取先邀女士共舞,其次是女贵宾,再其次是女主人家庭的女亲属等。

邀请舞伴要优雅而得体

邀请女士跳舞,应当向她弯腰致意,说:"可以请您跳舞吗?"但是,首先要看看自己的衣着是否整齐,扣子是否全都扣好。女士如同意,可以友好地点一下头,表示接受邀请。如果女士不愿意,不可表现出一种讥讽或者傲慢的神情,那样会大伤对方的自尊心。女士这时与其勉强地步入舞池,不如直截了当地谢绝。

在舞会里邀请女士跳舞，不必作自我介绍。如果跳了好几轮，可以在跳过第三轮或第四轮后作一下自我介绍。这时，女士不必讲述自己的名字。

跳舞时一声不吭，完全沉醉在音乐之中，不能算是严重失礼。但是舞伴之间若能交谈几句，则是有礼貌和优雅风度的表现。女士可以对男士说几句称赞的话，不能冷若冰霜，让人一眼看出你想和别的舞伴跳舞，仅为了礼貌应酬，这种行为太不近人情。

如果男舞伴被女士请到她的座位前，那么他应当跟她所有的同伴互相认识一下。跳完了舞，男伴挽着女士的手走到她的座位前，或者女的走在前面，自己跟在后面，男舞伴应当为能一起跳舞向她表示谢意。

不想跳舞或者因身体欠佳而不能跳舞的人，应当在座位上跟自己的舞伴事先讲清楚，而且整个舞会期间应当自始至终保持一致。在舞会里女士对跳舞的邀请可以谢绝而不必说明理由，虽然她也可以接受别的男伴邀请。而家庭聚会中，就需要说明谢绝的理由了。只有在小范围的联谊舞会上或者在狂欢节里，跳舞时才交换女舞伴。在交际场合中，不能把自己的舞伴冷落一边，否则有失风度。

邀请舞伴一定要谨慎，要注意观察一下对方的情况，不要几个人同时抢邀同一个舞伴，更不能为邀请中意的舞伴而和其他邀舞者发生争吵，在舞会上争夺舞伴是十分不礼貌的行为。

礼貌婉拒，谢绝邀舞

舞会上，谢绝邀舞是允许的，但必须讲究礼貌，言谈符合礼仪规范。

一般情况下，女方最好不拒绝别人的邀舞，如果决定谢绝，则应说："对不起，我想休息一下。"或说："真对不起，我不会跳舞。"以此来求得对方的谅解。

如果女士已经答应和别人跳这一场舞了，则应向前来邀请者表示歉意："对不起，已经有人邀我了，等下一曲吧。"

已经婉言谢绝别人的邀请后，在一曲未终了时，女士应不要同别的男士共舞，否则会被认为是对前一位邀请者的蔑视，是很不礼貌的表现。

如果同时有两位男士邀请一位女士跳舞，女士最好是礼貌地谢绝。如果已接受其中一位的邀请，对另一位则应表示歉意，礼貌地说："对不起，请等下一曲吧。"

当女士已经拒绝一次男士的邀请后，如果这位男士再次前来邀请，在确定无特殊的情况下，不应再次拒绝，女方应愉快地接受邀请。

如果是女士邀请男士，男士一般不得拒绝，音乐结束时，男士应将女士送到其原来的座位，待其落座后，说一声："谢谢，再会！"然后离去。切忌在跳完舞后，不予理睬。

如果自带舞伴，两个人多跳几场当然可以，但如果别人邀请，不能一概拒绝，更不能说一些不礼貌的话。

舞姿风度注意高雅优美

跳舞时,要注意舞姿高雅优美。在舞池中,要潇洒、舒展、自然,尽量以自己优美的舞姿和良好的素养,给人以美好的形象。因此,跳舞时应当注意礼仪规范。

跳舞时,男女姿势、动作要相互配合,领会彼此意图。通常,男士挽在女士腰上的右手与女士搭在男士右肩上的左手,都具有提示作用。右手手心向下,以大拇指的背面接触对方身体。男士左手掌心向上轻轻托握女士右掌,两手不可贴得过近或过远;男士右手轻靠女士腰部左侧正中,不宜超过中部。双方头部不可以贴在一起,身体不应靠得太紧,跳舞中双方之间应保持1～2拳的间距。

共舞中双方身体应保持平、正、直、稳。即双肩要平;身体要正,尤其是上身不要摇晃,动作幅度不要过大;身体挺直,目光平视,神情应谦和愉悦;动作要协调舒展,给人以和谐感。

跳舞时,要兼顾前后左右,留心周围舞友的动作,以防碰撞他人,但不能左顾右盼或低头盯脚。双方目光最好不要朝同一方向看。

在双方共舞过程中,如果一方踩了另一方的脚或舞步出错,应礼貌地向对方致歉。无论男士或女士,一般都不要在共舞中中断退场,如有特殊原因,应向舞伴致歉并说明原因。当舞曲终止时,男士应把女士送回原位,并向女士及其亲友表示谢意。

三 参加文艺晚会的礼仪

出席各种晚会，观看内容健康、演技不凡的文艺演出，是自己提高自身修养、多重展示形象的一门重要的必修课。因此不论是观看何种演出，都必须遵守观众礼仪。

提前准备，凭票入场

观看演出时，要把发给自己的入场券认真收好，不要丢失。

所有演出场所，均不准携带猫、狗一类的宠物入场；有的重要演出，还规定不准学龄前儿童或未成年人入场。

若邀请他人与自己一同观看演出，应于至少一周以前通知对方，以便其早作安排。在一般情况下，请人观看演出时，入场券可由本人保管，而不必一一发至被邀请者之手。这种做法的好处，是可以保证被邀请者不至于丢失入场券。

着装得体，文明观演

在观看演出时，对于着装的基本要求是：干净、整洁、端庄、文明、大方，绝对不准许穿背心、短裤、拖鞋，更不能打赤膊。

具体而言，由于演出的内容不同，在观看不同内容的演出时，要求又有所不同。根据观众礼仪的规范，一般对于观看戏剧、舞蹈、音乐或综合性文艺晚会时的着装要求较高。在这些时候，尤其是陪同他人或应邀观看这类演出时，公关人员非着正装不可。此时若着牛仔服、运动服、沙滩服之类的过于随便的便装入场，绝对是不行的。

若观看曲艺、杂技，或是观看与演出相类似的电影，则只要遵守观看演出的着装基本要求就行了。

如果前往场面隆重的去处观赏高雅的演出，如观看京剧、舞剧、歌剧、文艺晚会或欣赏古典音乐会时，特别是陪同他人前往或者应邀前往时，则不仅要穿正装，而且要穿具有礼服性质的正装。即男士应穿深色的中山服或西服套装，配深色袜子与黑色皮鞋；若打领带，则宜选黑色，并着白衬衫。女士应着单色的旗袍、连衣裙或色深的西服套裙；下装尽量不要穿长裤。假如演出规定参加者要穿礼服的话，这样做才不为失礼。

提前进场，免扰他人

观看演出，有一项基本的规定，即演出一旦正式开始，观众便不宜再陆续入场，而应候至演出中场休息时方可再度入场，否则不仅会直接影响演出，而且也会妨碍其他观众对演出的欣赏。有鉴于此，在观看演出时，理当早到，而不得迟到。

一般的演出场所大都规定提前15分钟检票，到达现场的时间大致上也应当与此相差无几，不要缺乏计划，匆匆而至，气喘吁吁，汗流浃背，甚至错过了演出的开头，破坏了自己观看演出的情绪。

对号入座，依次入场

演出的预备铃一响，即应立刻进入演出厅，在自己的座位上对号就座。

进出演出厅时，应不慌不忙，依次而行。走得可以稍许快一些，免得挡道，但是不要奔跑。倘若演出厅门口人员一时过多，应当稍候片刻，不要争先恐后地上前拥挤。

若有引位员主动提供服务时，可随行于其后。找到座位后，别忘了谢谢对方。若多人一起行进，且演出厅的过道较窄的话，则宜单列而行，不要并排着走。

若无人引位，则职位低者、主人、晚辈、年轻者、男士、未婚者，要主动替同来的职位高者、客人、长辈、年长者、女士、已婚者带路找座位。

弄不明白自己的座位在哪里，可以有礼貌地向旁人打听。旁人向自己打听时，亦应热情相助，并让对方满意。对老年人或行动不便者，还可主动提供帮助。

正规的演出都要对号入座，所以在寻找座位时只能以自己的入场券上的座号为目标，绝不能抱着侥幸心理去位置较好之处占座，尤其是不要去包厢、贵宾席捣乱。若他人占了自己的座位，可以有礼貌地出示入场券向其说明，或请工作人员调解，不要与对方拉扯争斗。

如果自己的位置在一排中间，且其两侧已经有人就座，那么在走向自己的目的地时，应对被自己打搅的人轻言一声"抱歉"，并且面向对方，侧身缓步而行，不要乱挤。

若与亲友一同前来观看演出，且座位有好有坏的话，应主动把好一些的座位让给别人。得到了他人的谦让，要及时表示谢意。但是一定要记住，同他人调换座位应在开演之前进行，并要两厢情愿。演出一旦开始，任何人都只能端坐不动。就座时宜轻、宜稳，不要用力敲砸座椅。

交际适度，礼貌待人

观看演出既然是一种公关社交活动，那么演出的观看者之间便免不了要有一定程度上的相互交往，然而要在演出场合进行交际，是非遵守有关的礼仪规范不可的。

在观看演出时进行交际，主要表现为志趣相投者或亲朋好友之间，通过共同观赏彼此欣赏的节目，来进行心灵上的沟通，或是形成一种默契。因此，观看演出时的交际主要是一种无言的精神上的交流，而并不一定非要借助于交谈不可。这是其一大特征。这一特征在实践中的表现，就是规定演出一旦开始，任何观众不得再进行交谈，并且应当坚持一直闭口不言，到演出结束为止。

亲朋好友之间如果有话要谈，可在演出开始前、中场休息时或是在演出结束后进行。在观赏演出时，"观棋不语真君子"，不可向他人解说剧情、猜测结局或是发表观感。因为在观看演出时观众所说的任何一句话，都会妨碍别人。

在休息厅里与别人交谈时，不要粗声大气，好似有意要令人瞩目似的。交谈一定要轻声低语，让对方听清即可。

夫妻或情侣一道观看演出时，举止言谈均要得体，不要放肆，不要忘了这里是公共场合，而当众忘乎所以地进行自我表演。

除经人介绍之外，在观看演出时结识新伙伴的机会并不多。要是不注意条件的话，即使有这种愿望也难以实现。在观看演出时，一般不宜主动跟陌生人攀谈，更不要在这里目不转睛地打量不认识的异性,或是对其评头论足。

>
>
> 在演出厅内,不管演出是否开始,都要尽量别跟熟人打招呼,更别主动找别人聊天。双方见了面,点点头示意即可。如果确实有话要谈,须待中场休息或演出结束之后,再与对方进行沟通。

维持秩序,遵守规定

在演出进行期间,每一名观众都有自觉维持演出秩序的义务,因为这是确保演出顺利、成功的一大前提。维持的演出秩序,主要有以下几条。

◎ **不得随便走动**

演出开始之后,任何观众都不宜再随意走动,否则就会给其他观众带来不便。有什么事情需要处理的话,一定要争取提前办好,或是看完演出之后处理。

◎ 不准拍照摄像

有的摄影爱好者在观看演出时，经常喜欢利用自己随身携带的照相机或摄像机，捎带着"创作"一番。殊不知他们东奔西跑，扭来晃去，又打闪光灯，又拉导线，会给其他观众带来多大的麻烦。因此，绝大多数演出场所都是禁止演出期间拍照、摄像的。在国外，因其事关演出团体的著作权，未经许可而为，作品不仅会被没收，当事人没准还会吃官司。

◎ 不得接打电话

为了避免在演出进行时分散演员与其他观众的注意力，任何观众在进入演出厅之后即须自动关闭自己的手机，或令其处于"振动"状态，绝不能让它在演出期间此起彼伏地大呼小叫。

◎ 不得大吃大喝

演出厅毕竟有别于餐厅，一边观看演出、一边大吃大喝的做法，终究有些不合时宜，因此在观看演出期间要克制自己的口腹之欲。不要携带食物、饮料入场，尤其是不要食用带壳的食物和易拉罐装的饮料。因为在享用它们时，难保不会铿锵作响。

◎ 不得吸烟

所有的演出厅，都是禁烟的场所。在观看演出时吸烟，既有害他人的健康，又会因为烟雾缭绕而妨碍观赏效果。不论从哪个方面来说，在观看演出时吸烟，都是一种不自觉、不道德的行为。

◎ 不得乱扔废物

在观看演出期间，为了维护演出厅内的卫生，不准随手乱扔废弃之物。不仅是废纸之类的"身外之物"不准乱扔，自己的痰和鼻涕之类的"身内之物"也不准乱扔。万一有此必要，可暂作处理，并在退场时自觉带出场外，扔进垃圾桶内。

◎ 不得肆意乱坐

坐在座位上观看演出，应坐得老老实实，端端正正。不得前蹬后仰，扭来扭去。不允许把脚踩在他人椅面上，或是跷到他人椅背上。未到演出结束，不得起立，更不能坐在座位的扶手上、椅背上，或垫高座位，从而影响他人的观看。

> 在观看演出时，在大庭广众之前脱换衣衫，是极为不雅的行为。并且不要戴着帽子入场和观看表演，以防阻挡他人视线，妨碍他人观看。在演出厅内，也千万不要脱鞋、脱袜透气，使之臭气熏天。

尊重演员，切忌喧哗

在观看演出时，一定要以自己的实际行动对全体演职员的辛勤劳动表示应有的尊重。

每逢一个节目终了或一幕结束之后，按照惯例，应当热烈鼓掌，以示对演员的支持。但是鼓掌一定要有分寸，不要在演出进行期间频频鼓掌，甚至掌声经久不息。那样的话，不仅会打断演员的表演，而且也会影响到其他观众对演出的欣赏。

在观看演出时鼓掌，只能用来表示自己为演员的精彩表演而喝彩，却万万不可反其道而行之。不允许因为自己对某些演员、节目不欣赏，或者是由于演出在进行之中出现了故障以及其他特殊情况，而对演员喝倒彩、鼓倒掌，让演员下不了台。更不允许在演出进行期间起哄、闹事、驱赶演员。

对于演员的表演和节目有意见，可在演出结束之后通过适当的途径进行反映，不允许当场有过激的表示或举动，如摔打座椅、站立吼叫、焚毁物品、向台上乱掷废弃之物，或是中途退场。即使是对此低声议论，发发牢骚，摇摇脑袋，也是非常不礼貌的行为。

在演出全部结束后，应当起立鼓掌。当全体演员或部分演员出来谢幕时，亦应如此。如果演员正在台上谢幕，自己却急匆匆地忙着退场，是很不适当的。只有在演员谢幕之后，才可井然有序地退场。

在观看演出时，不要只为自己喜欢的演员或节目叫好，对待其他演员的表演或其他节目要同样表示欢迎并鼓掌祝贺。

对自己喜爱的演员,也要为之设身处地地着想,不要侵犯其个人空间,不要让其过于劳碌。不要像少男少女一样充当"追星族",尾随、追逐演员,不要毫无目的地拜访演员,尤其是不要跑到后台去拜访演员,或是一时忘情冲上台去拥抱演员,请演员签名、合影,要首先尊重对方的意愿,不要勉强、为难对方。

有些时候,观众要求自己喜爱的演员加演一个节目,这不算是过分。然而此举应当适可而止,不要一而再、再而三,没完没了地要求,以免既累惨了演员,又打乱了整个演出计划。

提升品位,懂得欣赏

观看演出,是一种高品位的审美活动。若想真正地由此而有所长进,应懂得如何欣赏演出,光图一个"看戏看热闹",没有多大的意思。

欣赏演出,是一种有目的的审美活动。对不同内容的演出的欣赏,往往有着不同的侧重点。对于观众来说,要想初步入门,学一学"内行看门道",大体上应当重视如下三个问题。

◎ 学习基础知识

要欣赏演出，先是要看得懂它。为此，就要学习与之相关的文艺基础知识。要较为全面地了解这一文艺门类的渊源、流派、代表作和著名的表演家及其艺术特色，这样方可鉴古知今，在观看过程中选对欣赏的角度。

具体到某一主要节目，亦须了解其作者、历史背景、独特之处，以及演员的个人情况和舆论的评价。这样自己才会有选择，有比较，有重点，有收获。

◎ 选准欣赏角度

不同的文艺门类、不同的文艺节目、不同的演员表演，自然会有不同的风格与特色。要学会欣赏，就要选好适当的角度，采取适当方法。

比方说，在观看戏剧时，要选择的欣赏角度就有：是欣赏剧情，还是欣赏演技；是欣赏综合表演，还是欣赏某个方面的表演，等等。如果贪图面面俱到，就不会有深入的观察与独到的见解。

◎ 培养文艺敏感

观看演出，只满足于感官刺激是不足取的。唯有日积月累地进行实践，培养自己的文艺敏感，才能使自己通过观看演出，真正地获得美感和享受。

尽管文艺敏感之于观看演出十分重要，但是对自己的文艺敏感却不可过于自我张扬。在观看演出的前后，适当地表现一下还说得过去，若是在演出进行期间过分地展示自己的文艺敏感，动辄发表自己的高论，或是对演出"横挑鼻子竖挑眼"，则为不当之举。